外语教学中的多媒体课件设计

陈友勋　张海容　主编

科学出版社

北　京

内 容 简 介

本书针对外语教学中的主干课程提供了完整的课件体系，讲解了每种课件的设计思路、技术难点，并具体介绍其特色功能和操作方法，注重以人为本的设计理念，强调课件制作的简洁、灵活和功能的强大，每种课件都力争实现界面直观、操作灵活，既易于维护又便于扩展。本书中，课件界面的制作采取流行的网页框架结构，教师随时可以根据实际需要灵活调整界面布局，此外，还将常用操作集合、开发成相应模块，使教师可以根据具体教学需要进行积木式的搭建组合，灵活应对各种复杂的教学实践。

本书在形式上图文并茂，在内容上深入浅出，适合承担外语教学任务的一线教师阅读，帮助他们轻松制作属于自己的外语教学多媒体课件。

图书在版编目(CIP)数据

外语教学中的多媒体课件设计 / 陈友勋，张海容主编. —北京：科学出版社，2017.11

ISBN 978-7-03-054797-2

Ⅰ.①外… Ⅱ.①陈… ②张… Ⅲ.①外语教学-多媒体课件 Ⅳ.①H09

中国版本图书馆 CIP 数据核字（2017）第 247744 号

责任编辑：李小锐 杨 英 / 责任校对：何艳萍
责任印制：李 彤 / 封面设计：墨创文化

科 学 出 版 社 出版
北京东黄城根北街 16 号
邮政编码：100717
http://www.sciencep.com

涿州市般润文化传播有限公司 印刷
科学出版社发行 各地新华书店经销

*

2017 年 11 月第 一 版 开本：787×1092 1/16
2023 年 1 月第五次印刷 印张：7
字数：164 000

定价：42.00元

（如有印装质量问题，我社负责调换）

前　言

本书作者作为大学英语专业授课教师，多年来一直坚持使用多媒体进行课堂教学。在教学过程中，作者观察到大学英语教师使用多媒体教学时存在一个普遍现象，即大多数教师都愿意选择在多媒体教室上课，但他们一般只会制作一些简单的 PowerPoint（PPT）课件，充其量只是把传统的板书内容照搬到幻灯片上在课堂上做静态的演示，不会选择使用其他专业工具制作富有交互体验的精美课件。这并不代表英语教师没有制作专业课件的想法和需求，据作者了解，绝大多数教师还是觉得很有必要给自己的课程制作出一套专业课件，如上阅读课的教师希望课件能通过划分意群和限时阅读的方式提高学生的阅读速度；上听力课的教师希望课件能够实现音频和文字同步，通过文字标注精确控制音频播放位置的跳转，从而实现对重点难点语句的反复精听；上翻译课的教师希望课件能够提供一套直观形象的演示机制，以便展示翻译过程中的查词、断句、重组、校验等基本步骤，从而帮助学生熟悉简单的 CAT（computer aided translation，即计算机辅助翻译）理念并养成良好的翻译习惯；上精读课的教师则希望课件能够提供全面的功能模块和灵活的版式布局，让自己在课堂上可以根据教学实际情况对课件功能和内容随意地组合搭配，从而达到包括“听、说、读、写、译”在内的综合训练效果。

其实，单纯依靠 PPT 课件很难完全实现以上目的，因为 PPT 课件究其本质只适合文字内容的演示播放，它的设计初衷并不是实现灵活的交互体验。当然，让所有的外语教师都去学习并掌握更高深的多媒体课件制作技术也是一个不太现实的想法。那怎么办呢？我们能不能找到一个简单实用的方法，有效地解决广大外语教师在制作多媒体课件方面遇到的这些困难呢？

答案是肯定的，本书就是针对上述问题而编写的一套解决方案。作者认为，既然 PPT 课件不能完全满足广大外语教师的实际教学需要，那我们首先就要寻找一个合适的课件形式（载体）。在这方面，我们认为基于网页的多媒体课件形式应当是最好的替代品。这是由网页具备的下列优势所决定的。

（1）网页技术容易上手，便于学习和掌握。网页的静态内容主要由 HTML 代码实现，交互内容主要用 JS 脚本控制。这些代码语言都是一些简单的英语，有固定的表达形式，对于外语教师而言不难理解，根据本书的提示，对已经编写且封装好的课件网页的个别内容进行修改和替换，也易如反掌。

（2）网页是目前最普遍的信息展示渠道，形式喜闻乐见，内容便于传播，资料易于收集，这些特征是网页课件的天然优势。

(3)网页课件可兼容 PPT 课件，可以采取技术手段把 PPT 课件嵌入网页之中。绝大多数教师对 PPT 课件颇为熟悉，以前自己制作和收藏的是 PPT 课件，那么最佳方式并非完全抛弃 PPT 课件，更为务实的态度应当是采取渐进性、逐步过渡性的方案，将 PPT 课件和网页课件结合起来使用。等大家完全熟悉和适应网页课件，领会到网页课件比 PPT 课件优越的地方之后，自然会自觉地舍弃 PPT 课件而改用网页课件。

(4)基于网页形式制作的课件也符合目前“慕课”(massive open online courses，MOOC)的发展趋势。

基于以上理由，作者在本书中介绍并提供了制作网页课件的技术和方法，同时考虑到主要的读者对象是国内外语教师，因此把课件中相应的交互技术封装为功能模块，对其功能特点和使用方法做了简要介绍，便于大家了解和使用。对大家需要根据实际情况修改的地方(主要是自己课件的实际显示内容)，则进行了详细的阐述，并提供了参考例子。书中的课件模板都在云盘(链接：http://pan.baidu.com/s/li4FL6Hv　密码：07ci)中有所呈现，读者也可直接通过电邮(youxunchen@163.com)向作者索取。购买本书还能免费获得观看众多优秀的网页交互性课件的福利。

本书的特点是图文并茂，言简意赅。作者在书中只提供制作和修改课件方面的“干货”，即直接介绍课件模板和修改指南。同时，为了便于理解，每个课件模板都配有相应的截图和解说，大家只要调出模板，按照书上的步骤，略加修改即可为己所用，制作出既好看又具有相当技术含量的多媒体课件，基本能够满足外语教学课件中的各种实际需要。本书既可以作为新手制作课件的指南，也可以作为老手提高制作课件的技术的参考手册。

编　者

2017 年 10 月

目　　录

第一章　外语教学中多媒体课件的设计原则

考虑到本书的写作目的，同时结合多年来从事外语多媒体教学的实际经验，作者总结出设计和制作多媒体课件的几个原则，并在本书中严格遵守。

1. 框架体系尽量合理，既能维护扩展，又能灵活调控，满足用户不同的需求

为实现这一目的，建议使用网页 frame 框架构建课件版面，因为 frame 框架下，可以自由地实现调整课件版面大小，控制页面显示、隐藏或完全关闭的操作。这样，教师上课时可以自主决定显示内容，以及各部分内容在屏幕上所占的比例。

2. 操作方式尽量人性化

为体现“课件适应用户而非用户适应课件”的理念，功能面板应该直观、便捷，常用功能最好能够一键直达。在控制面板上应把相应的按钮按功能分区排列，方便用户的调用。

3. 课件功能尽量实用全面

考虑到不同课程有不同的特殊要求，且需要实现不同的专业功能，因此将具体的功能封装成模块，这样便于管理和维护。例如，每个课程都需要的课堂时间管理功能，属于通用模块，被放置在课件的底部便于显示。而其他的特殊功能一般通过功能按钮在有需要的时候调用。

总之，视觉上形象生动、操作上直观灵活、功能上全面实用，这是作者在本书中设计和制作多媒体课件时遵守的三个基本原则，也是衡量课件质量的重要标准。

第二章　英语阅读课程多媒体课件设计

一、阅读课件的整体布局

根据多年的教学实践经验，同时充分考虑了同行和学生的反馈意见，笔者对阅读课件的整体布局提出了如下的设想。

阅读课件布局规划

<table>
<tr><td colspan="3">单词轮播</td></tr>
<tr><td rowspan="2">目录导航</td><td rowspan="2">阅读课文内容</td><td>课堂练习</td></tr>
<tr><td>电子板书</td></tr>
<tr><td>控制面板左侧</td><td>课堂时间进度显示和控制</td><td>控制面板右侧</td></tr>
</table>

如图 2-1，目录导航把整个学期阅读课程的单元标题显示出来，相当于教材上的目录内容，便于教师方便快捷地选择教学内容。当然，如果有这方面的需要，该目录导航还可以用树状结构进一步显示二级甚至三级标题，这样显得层次分明、脉络清晰，便于师生对整学期的阅读内容有一个清晰的认识和整体把握。

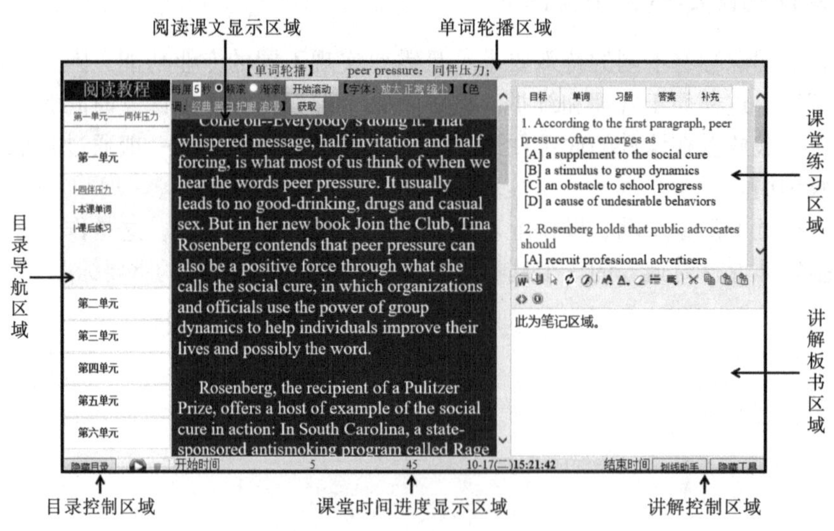

图 2-1　阅读课件界面

阅读课文和课堂练习两个区域是课件的重点显示区域。此外，课件顶端还提供了单词轮播区域，是根据一定的时间间隔，将本课的生词、短语逐条显示在屏幕上，达到一定的视觉冲击效果，让学生在有意或无意间加强对生词短语的记忆效果，这也符合人类的记忆规律。

阅读课件(图 2-1)中提供的教学辅助功能包括电子板书，在功能上相当于传统教室的黑板或白板，教师可以把自己平常手写的内容通过键盘输入该区域。电子板书还具有一般文字编辑软件的常用功能，包括调整字体大小、颜色，插入图形表格和复制粘贴等。

课件的底端左右两边都是功能控制面板，即对目录导航区域、课堂练习(包括电子板书)区域进行显示或隐藏的控制，便于集中展示课文内容本身，或扩大课文内容的显示面积。更多的扩展功能都可方便地以按钮的形式嵌入控制面板，为以后的课件维护和功能扩展留下足够的空间。

课件底部的中间部分是课堂时间进度显示和控制区域，它可以根据事先设定的作息时间表和教师课表自动开启，显示课堂起止时间、当前时间、已用时间和剩余时间及其在时间进度条上所占的比例。这部分功能对课堂教学具有非常实用的价值，因为老师可以直观地通过时间进度条把握课堂教学节奏，从而判断在各个教学环节上分配的时间长短是否合理，并相应地调节教学进度。另外，时间管理区域还提供了倒计时器，方便教师设定固定时长进行课堂练习，这也是课堂教学中的一个常用功能。

二、阅读课件设计的重点和难点

1. 重点

阅读课文区域是整个阅读课件的主要内容显示区域，必须努力做到科学化、人性化。英语阅读的关键之一是词汇问题，因此课件必须提供便利的技术手段进行词汇查询。

英语阅读的另一个关键是要有意识地提高阅读速度，因此课件也必须提供便利的技术手段控制阅读速度。

英语阅读的第三个关键是提高阅读理解的准确性或阅读精度，这通常只有通过做相关的配套习题才能进行检验。但在解答阅读习题时都必须用上 skimming(略读)和 scanning(扫读)这两种基本的阅读技巧，因此必须保证课件的习题能够与阅读课文之间进行内容上的跳转和比对。

2. 难点

第一，如何在课件中实现对阅读速度的精确控制，并落实为人性化的操作，这是英语阅读课程的特有难点。

第二，如何在阅读课件中实现课堂教学时间进度的直观显示和操作，这是所有多媒体课件的共有难点，因此值得精心设计，以尽量满足课堂教学对时间管理的所有要求。功能上简约而不简单，便于扩展和维护管理。但为了不挤占课文显示区域面积，时间管理区域的显示界面应当小巧紧凑，并且直观易用。

三、阅读课件内容模块的技术实现手段

首先，课件是用 frame 框架把各个网页版块内容拼装在一起的。这样做的好处是可以把复杂的课件整体分解成单个的网页内容，形成集体备课的任务分工模式。例如，录入

课文的任务由一位老师专门负责、设计课堂练习的任务由另一位老师专门负责，这样显得更科学、轻松、高效。

同时通过 frame 框架拼装的课件，具有机动灵活的特点，可以根据实际情况灵活搭配其组合内容。例如，有的教师喜欢把导航目录放在课件的右面，而把课堂练习显示在课件的左面，这可以通过简单地修改 frame 框架的加载网页地址实现。

此外，这样的课件可以在演示过程中随时调整各部分的显示面积或隐藏暂时不用的内容，如本章提供的阅读课件中的每个内容版块都支持直接通过鼠标拖拽来改变显示区域的面积大小，并且在课件底端的左右位置分别提供了“隐藏目录”（点击之后变为“显示目录”）和“隐藏工具”（点击之后变为“显示工具”）两个操作按钮，方便教师在上课过程中关闭或打开相应的显示内容，这些都是非常实用的教学功能。

下面是本课件 frame 框架的构成情况及各部分名称，括号中是该 frame 框架中链接的网页内容。

<table>
<tr><td colspan="3">title_ frm(单词轮播)</td></tr>
<tr><td rowspan="2">left_ frm(目录)</td><td rowspan="2">content_ frm(课文内容)</td><td>question_ frm(课堂练习)</td></tr>
<tr><td>note_ frm(板书)</td></tr>
<tr><td>mulu_ frm(目录控制)</td><td>shijian_ frm(时间进度)</td><td>yuedu_ frm(讲解控制)</td></tr>
</table>

本课件的设计思路是：通过点击目录导航选择教学单元内容，触发相关的网页链接，显示在相应的 frame 里面，如上例中点击目录可以控制单词轮播显示在 title_ frm 里面，课文内容显示在 content_ frm 里面，课堂练习显示在 question_ frm 里面。

其他 frame 里面加载的是教学辅助工具，电子板书和时间进度分别显示在 note_ frm 和 shijian_ frm 里面。

如果教师们要调整上面课件框架中默认内容及显示位置，请打开“课件框架. htm”，找到其中链接到具体 frame 的几个网址(参看代码中粗体部分)，并根据自己的情况进行修改或替换。

```
< html >
< head >
< meta http-equiv = "Content-Type" content = "text/html; charset = utf - 8" / >
< title > 课件框架 < /title >
< /head >

< frameset rows = "20, * , 20" >
< frame        name = "title_ frm"     scrolling = "no"     frameborder = "no"     marginwidth = "0"
noresize = "noresize"    src = "课文内容/同伴压力 - 单词. htm" >

< frameset name = "full" cols = "150, * " >
< frame   name = "left_ frm" src = "课件目录. htm" >

< frameset name = "details" cols = " * , 350" >
< frame   name = "content_ frm" src = "课文内容/同伴压力 - 课文. htm" >

< frameset name = "tools" rows = " * , 250" >
< frame   name = "question_ frm" src = "课文内容/同伴压力 - 练习. htm" >
< frame   name = "note_ frm" src = "阅读笔记. htm" >
< /frameset >
```

```
</frameset>

</frameset>

<frameset name = "controls" cols = "155, *, 155" >
<frame name = "mulu_ frm" scrolling = "no" frameborder = "no" marginwidth = "0"
noresize = "noresize" src = "底部目录控制.htm" >
<frame name = "shijian_ frm" scrolling = "no" frameborder = "no" marginwidth = "0"
noresize = "noresize" src = "课堂时间控制.htm" >
<frame name = "yuedu_ frm" scrolling = "no" frameborder = "no" marginwidth = "0"
noresize = "noresize" src = "底部工具控制.htm" >
</frameset>

</frameset>

</html>
```

接下来详细介绍各个版块的具体实现情况和技术代码。

1. 目录导航区域

根据大多数教师的使用习惯，我们设计了抽屉状的导航菜单(图 2-2)，即点击某一单元按钮，会自动关闭其他单元的显示，只弹出部分的具体内容供大家做进一步的选择。如果大家浏览之后点选了某项具体的选择条目，则触发跳转到相应的网页显示在课件的相应位置，同时这个确定的选择路径会以红色字体显示在导航区域的顶端，以提示当前所选内容。

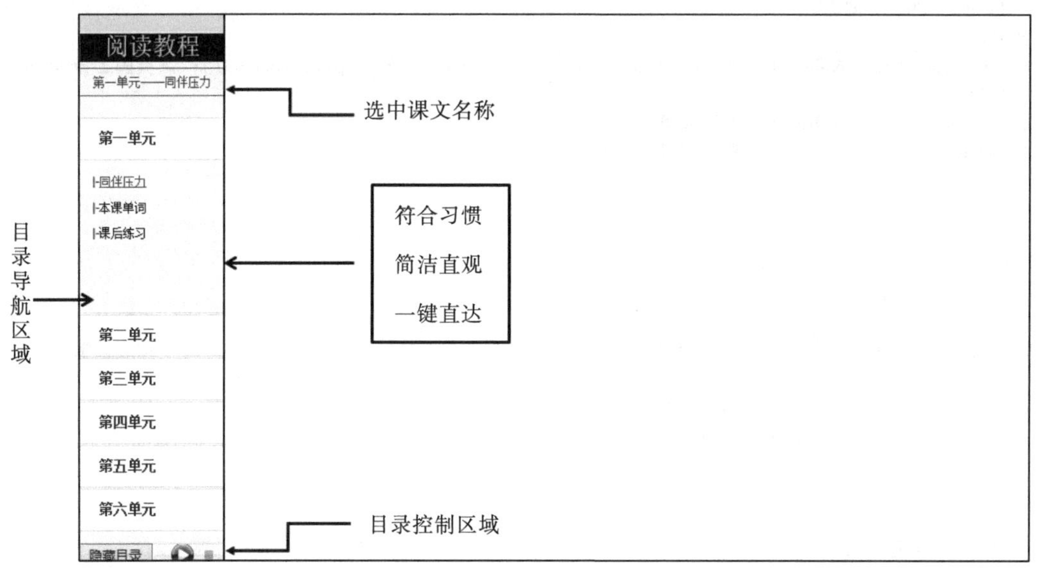

图 2-2　导航菜单

考虑到广大的外语教师一般都缺乏复杂的网页编程知识，我们在课件设计时都采取了模块化方式，即把实现目录跳转的关键技术代码封装成了 JS 功能函数，大家在使用时只要直接修改网页中要显示的具体文字和要链接的网页地址即可。

下面介绍目录导航部分需要根据实际情况修改的网页代码。首先是修改目录导航菜单的具体显示内容，在记事本或其他网页编辑器中打开“课件目录.htm”，找到<body></body>代码对之间的这部分内容，注意根据自己的实际情况修改其中的粗体内容。

```
<ul class = "rolinList" id = "rolin" >
<li >
<h2 >第一单元</h2 >
<div class = "content" >
<br / >
        | - <a id = "mulu - 11" href = "javascript: disp_ path( 'mulu - 11');" >同伴压力</a >
</p >
        | -本课单词</p >
        | -课后练习</p >
</div >
</li >
<li >
<h2 >第二单元</h2 >
<div class = "content" >
    <br / >
        | - <a id = "mulu - 21" href = "javascript: disp_ path( 'mulu - 21');" >一场交易</a >
</p >
        | -本课单词</p >
        | -课后练习</p >
</div >
</li >
<li >
<h2 >第三单元</h2 >
<div class = "content" >
<br / >
        | - <a id = "mulu - 31" href = "javascript: disp_ path( 'mulu - 31');" >美国工会</a >
</p >
        | -本课单词</p >
        | -课后练习</p >
</div >
</li >
<li >
<h2 >第四单元</h2 >
<div class = "content" >
<br / >
        | - <a id = "mulu - 41" href = "javascript: disp_ path( 'mulu - 41');" >市场营销</a >
</p >
        | -本课单词</p >
        | -课后练习</p >
</div >
</li >
<li >
<h2 >第五单元</h2 >
<div class = "content" >
<br / >
        | - <a id = "mulu - 51" href = "javascript: disp_ path( 'mulu - 51');" >习性难改</a >
</p >
        | -本课单词</p >
        | -课后练习</p >
```

```
</div>
</li>
<li>
<h2>第六单元</h2>
<div class="content">
<br/>
     | -<a id="mulu-61" href="javascript: disp_ path('mulu-61');">教育与经济</a>
</p>
     | -本课单词</p>
     | -课后练习</p>
</div>
</li>
</ul>
```

作为演示，上面只列举了六个单元的菜单，如果有更多的目录菜单要显示，可以直接把下面这个代码模块粘贴到最后一个菜单项的后面，注意要同时修改“id”和“disp_ path()”的数值，保证每个菜单的ID数值前后之间是连续的。

```
<li>
<h2>第一单元</h2>
<div class="content">
<br/>
     | -<a id="mulu-11" href="javascript: disp_ path('mulu-11');">同伴压力</a>
</p>
     | -本课单词</p>
     | -课后练习</p>
</div>
</li>
```

此外，由于导航菜单的功能是模块封装，所以要注意把课文内容、课文练习和单词轮播的网页命名形式统一成“菜单显示文字-课文.htm”、“菜单显示文字-练习.htm”和“菜单显示文字-单词.htm”，并放在“课文内容”文件夹中。

如果要重新指定菜单链接网页的显示位置，可以定位到网页代码中的功能函数disp_ path(this_ btnId)，修改其中frame名称，即代码中的粗体部分。

```
    parent.frames["title_ frm"].location =
"课文内容/" + document.getElementById(this_ btnId).innerText + " - 单词.htm";
    parent.frames["question_ frm"].location =
"课文内容/" + document.getElementById(this_ btnId).innerText + " - 练习.htm";
    parent.frames["content_ frm"].location =
"课文内容/" + document.getElementById(this_ btnId).innerText + " - 课文.htm";
```

最后提醒一下，目录导航区域是可以关闭的，它开启和关闭的控制按钮位于整个课件的左下角，即目录控制区域的 隐藏目录 按钮，点击就可关闭目录导航界面，同时该按钮变成 恢复目录 ，再点击又可显示目录导航界面。由于使用目录导航一般是定位选择自己的教学资源，所以没必要让它总是处于展开状态，不用的时候将其关闭，等到有需要的时候再显示出来，这样做显然有利于把宝贵的屏幕空间节约给其他更重要的教学活动，同时也避免了不必要的视觉干扰，让师生更能专心于当前的教学内容。

2. 课文显示区域

课文内容是整个课件的核心部分，必须提供阅读课程的常用功能，并保证课文内容显示效果直观大方、操作手段简洁易用。本课件的实际界面和显示效果的相关截图如图 2-3 所示。

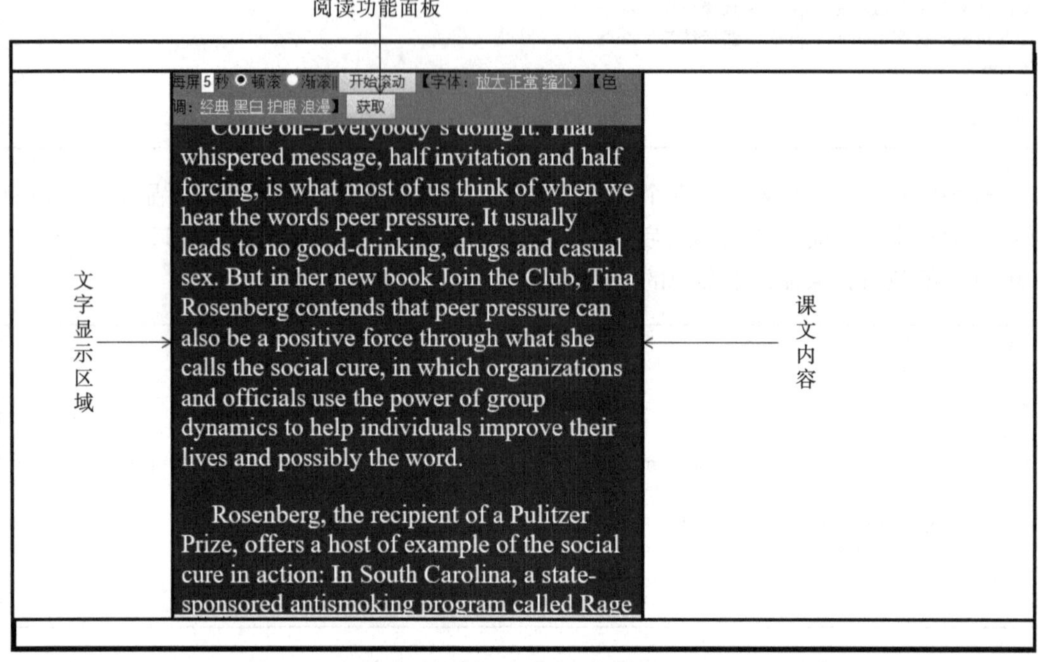

图 2-3 课文显示区域界面

从图 2-3 中可以看到，课文显示区域由位于顶部的阅读功能面板和占绝大部分面积的文字显示区域构成。阅读功能已经在网页代码中进行了模块封装，不需要人为干涉。唯一需要修改的是课文要显示的文字内容，打开关于课文内容的网页文件(位于“课文内容”文件夹下的“＊＊＊－课文. htm”)，其中代码 <div class = "style1" id = "ShowContent" >和 </div >之间的部分就是具体的课文内容，根据实际情况直接替换即可。

下面对这部分的阅读功能进行简要的介绍。首先，课文内容的视觉显示效果是最重要的。我们采取人性化的设计理念，考虑到学生视力的差异，特意设计了调节字体大小的功能，即控制面板上的【字体】区域，列有“放大”“正常”“缩小”三个功能选项，分别可以在课文当前字体的基础上调大字体、恢复默认大小，或调小字体，非常方便。

此外，我们还考虑到学生在屏幕上阅读课文时眼睛容易疲倦，所以特意设计了阅读风格的转换效果，即点选阅读功能面板上的【色调】按钮后，有“经典”“黑白”“护眼”“浪漫”四个选项，分别对应不同的阅读风格。其中“经典”风格是传统的白底黑字；“黑白”风格是黑底白字；“护眼”风格是把显示背景调成清爽的豆绿色(图 2-4)；而“浪漫”风格则是女生喜欢的粉底黑字(图 2-5)。

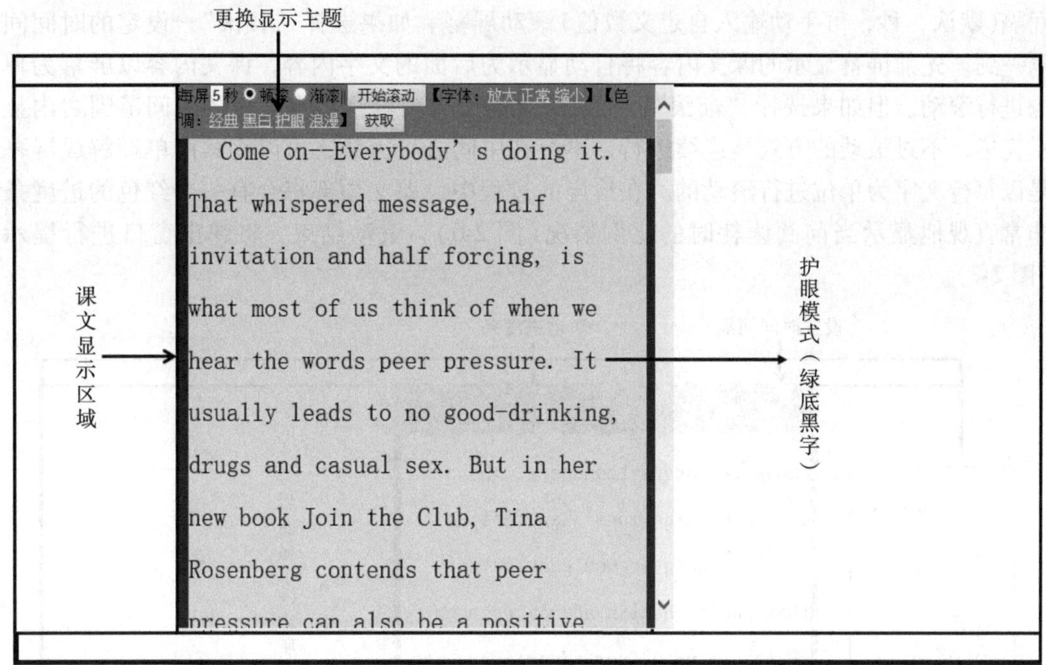

图 2-4　护眼模式

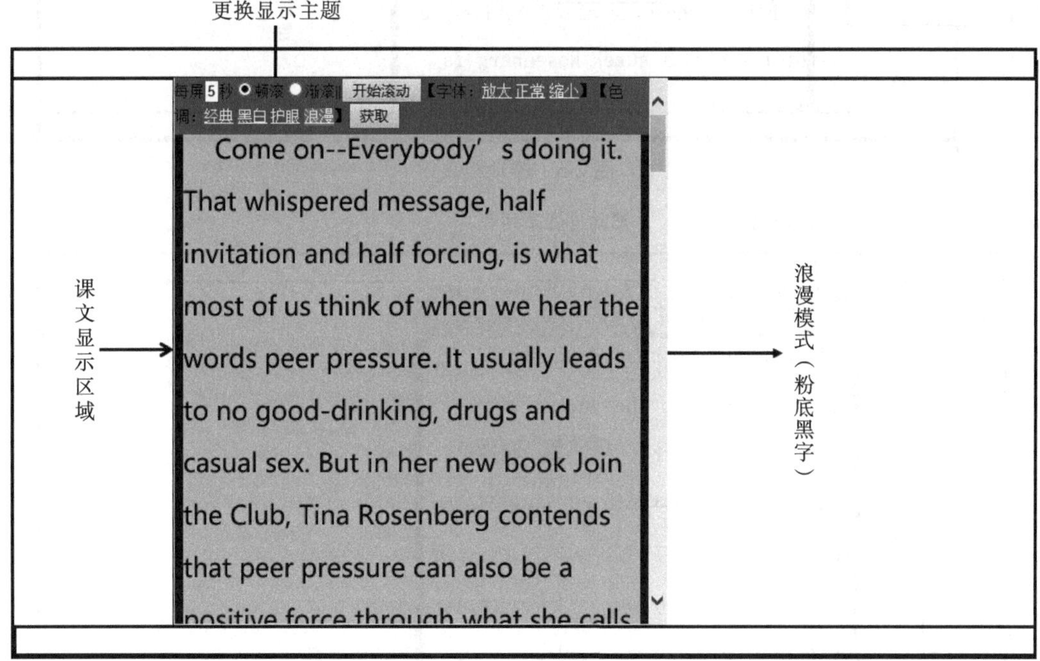

图 2-5　浪漫模式

英语阅读教学的一个重要目标是提高学生的阅读速度，教学过程中必须对阅读的时间加以控制。为此，我们设计了两种控制阅读时间的方式，是通过操作功能面板左端的“开始滚动”按钮实现的。点击之后，课文内容就会以设定的方式(顿滚、渐滚)和时间间隔(默认5秒，可手动输入自定义数值)滚动屏幕。如果选择“顿滚”，设定的时间间隔一到，先前屏幕显示的课文内容将自动显示为后面的文字内容，课文内容以屏幕为单位进行滚动。但如果选择“渐滚”，整篇课文的所有内容都将在设定的时间范围之内显示完毕，不过滚动的方式是连续进行，不会在中间进行停顿，可以将其简单理解成屏幕是以每行文字为单位进行滚动的。在滚屏的过程中，课文顶部将会有一个红色的进度条非常直观地显示当前阅读耗时的比例情况(图2-6)。滚动结束，将弹出窗口进行提示(图2-7)。

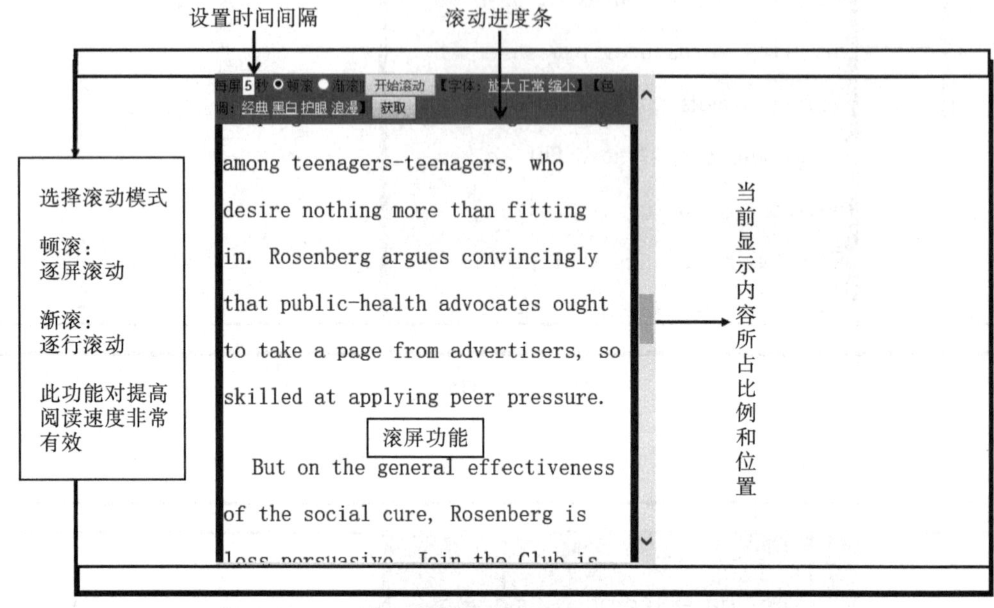

图2-6 滚动模式

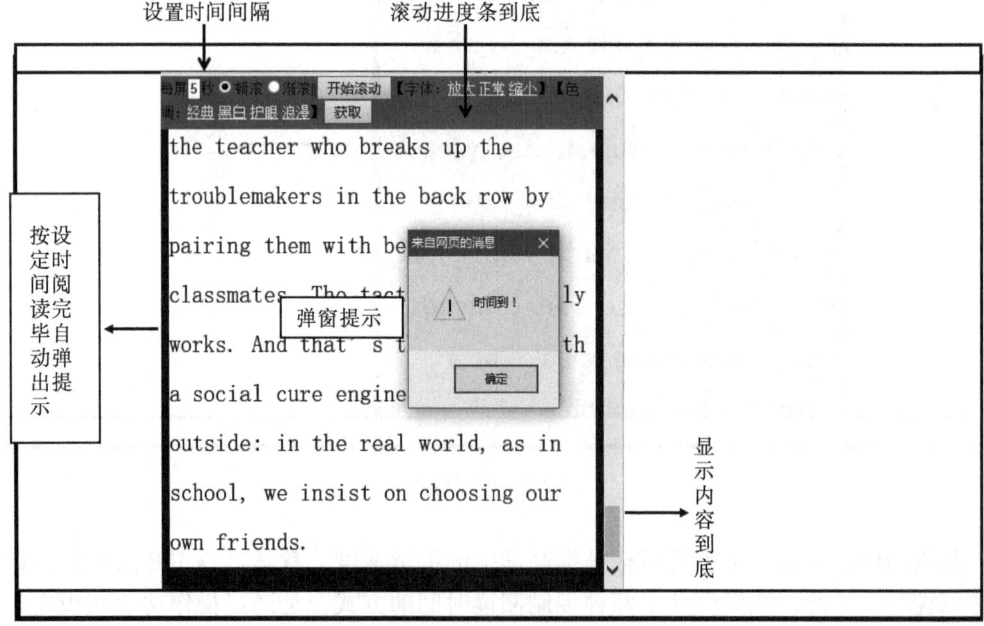

图2-7 滚动结束

此外，阅读过程中不可避免地会遇到陌生的词汇或短语，查询词典成为必备工作。为此，我们在课文阅读区域提供了在线查询功能，通过在网页中嵌入微软必应词典的查询代码的方式呈现。只要课件能够联网，就会默认开启生词的查询功能，即在课文内容的右下角会显示必应词典处于开启状态的图标，显示为 on bing屏幕取词 Chinese Dictionary 。在图标上单击鼠标左键，即可关闭词典查询功能，此时右下角的必应词典图标相应地显示为关闭状态：off bing屏幕取词 Chinese Dictionary。必应词典处于开启状态时，课文区域可以实现“即指即译”功能，即鼠标指向某个单词并稍作悬停，就会弹出一个小的窗口，显示这个单词的汉语意思(图 2-8)。

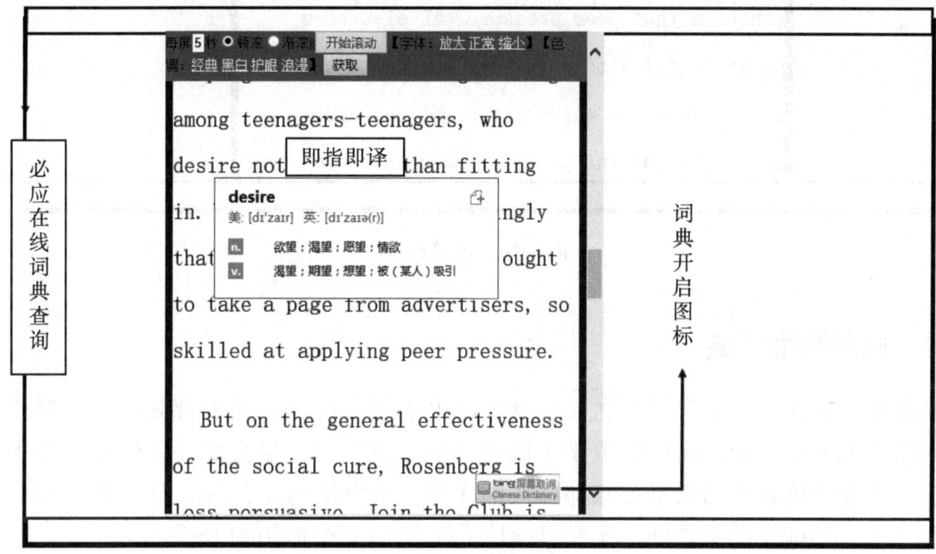

图 2-8　查询生词

最后，考虑到教师在讲课的过程中有可能需要在课文内容上直接勾画或做其他标注，我们专门设计了一个功能按钮，它位于整个课件右下角的讲解控制区域，显示图标为 划线助手，它链接的是一个外部工具(“红烛教鞭”，单文件绿色版)，点击之后将弹出一个是否允许运行该工具的对话框(图 2-9)，点击“是”后可直接在课文内容上进行标注(图 2-10)。

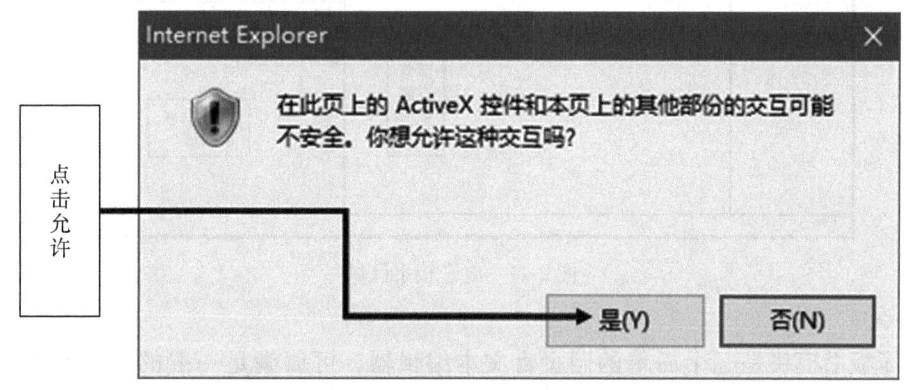

图 2-9　请求运行屏幕标注工具的对话框

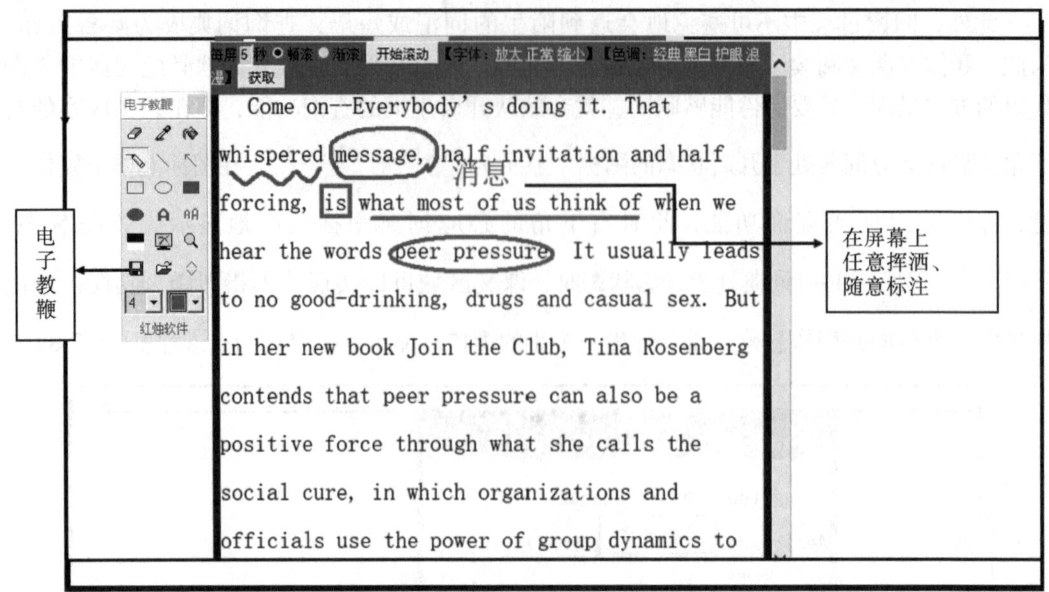

图 2-10 屏幕标注

3. 电子板书区域

提及课文标注，须先介绍与之关系密切的电子板书模块。我们都知道，多媒体课件虽然能集声光影于一身，比传统教学手段更高效、更生动、更直观，但也有一个很大的弊端，即不像传统教学的板书方式那样灵活多变。为解决这个问题，除了借助前面介绍的外部工具，如画线助手之外，还专门设计了板书讲解区域功能(图 2-11)。

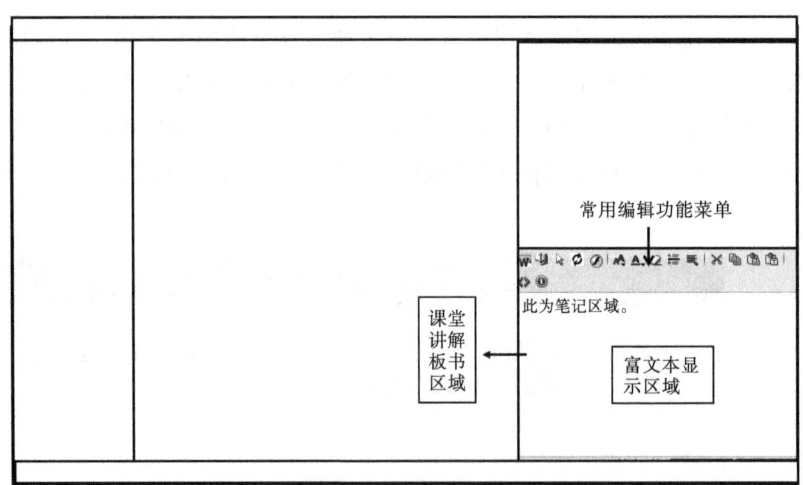

图 2-11 电子板书区域

电子板书模块是一个简单的网页富文本编辑器，可以满足一般的富文本编辑要求(图 2-12)。

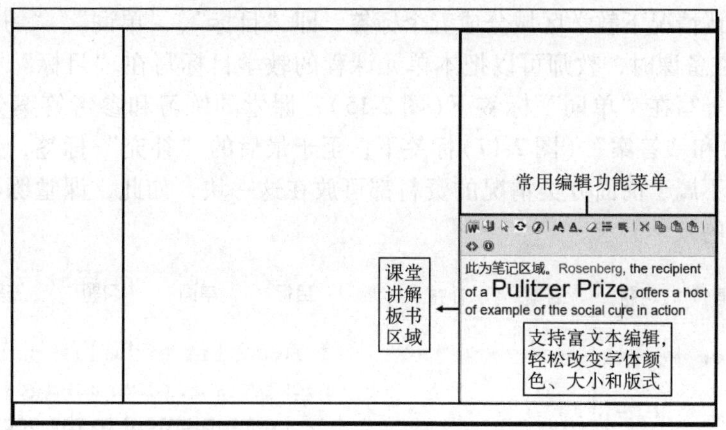

图 2-12　富文本编辑

为使操作更加人性化，该模块特地提供了切换板书风格的功能(图 2-13)，如选择其中的“黑白世界”，板书的效果就是黑底白字，与传统教学中的用粉笔在黑板上书写的效果相似。

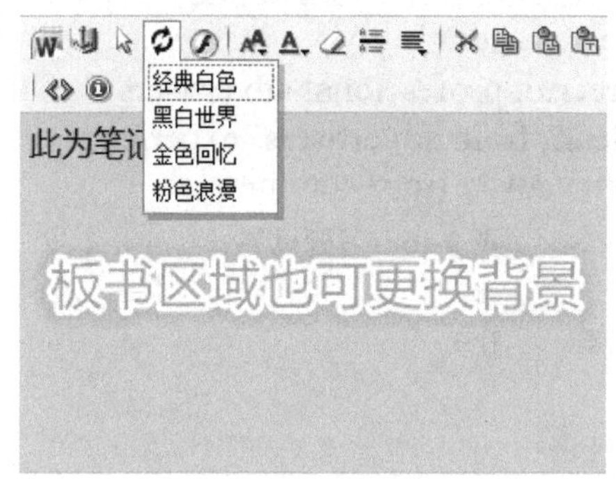

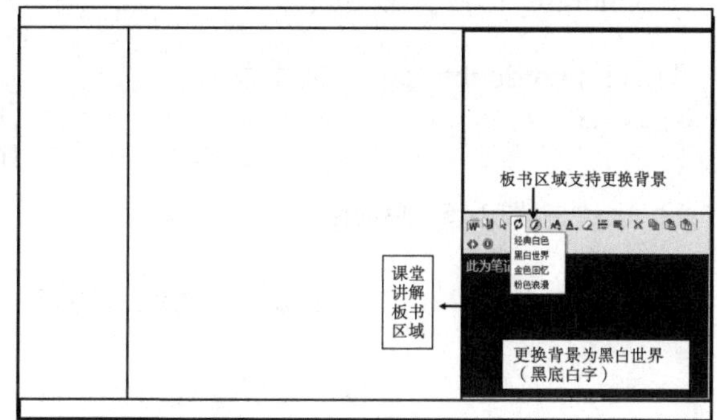

图 2-13　切换板书风格

4. 课堂练习区域

在课堂练习模块中的同一页面放置多个 tab 标签(图 2-14)，可达到随时切换显示内容的效果，这样的操作一是可以应对课堂讲解中内容较多的情况，二是可以让备课资料分类显示，使教师的教学思路更为清晰。

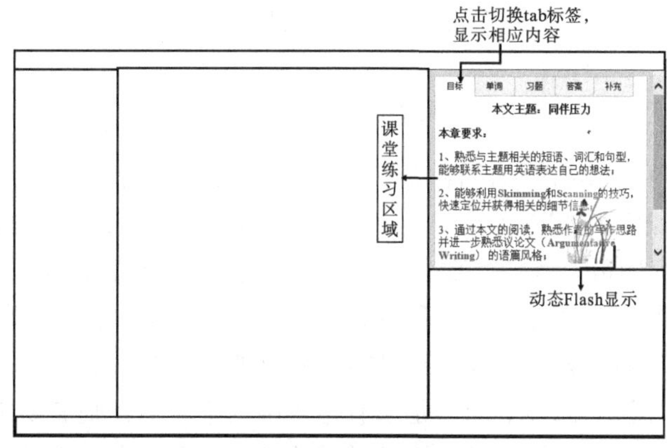

图 2-14　课堂练习区域

例如，默认情况下教学区域分成五个标签，即“目标”、“单词”、“习题”、“答案”和“补充”。在备课时，教师可以把本单元课程的教学目标写在“目标”标签下；本单元生词、短语等写在“单词”标签下(图 2-15)；课堂的练习和参考答案分别写在“习题”(图 2-16)和“答案”(图 2-17)标签下；至于最后的“补充”标签，任何在课堂上需要展示而又不属于前面分类情况的资料都可放在这一块，如此，课堂练习区域便可以满足阅读课程的教学需求。

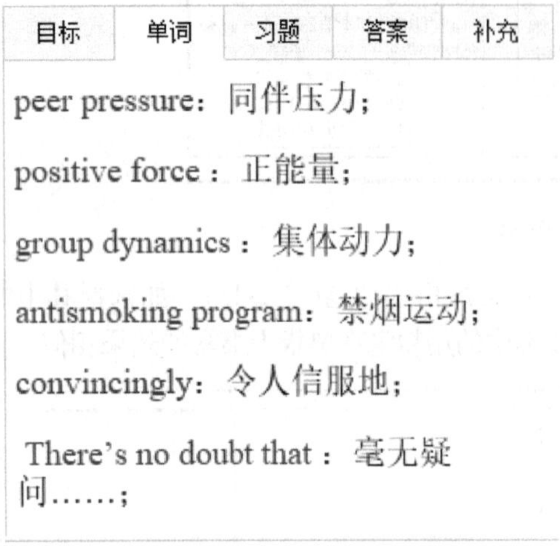

目标 单词 习题 答案 补充

peer pressure：同伴压力；

positive force：正能量；

group dynamics：集体动力；

antismoking program：禁烟运动；

convincingly：令人信服地；

There's no doubt that：毫无疑问……；

图 2-15　单词标签

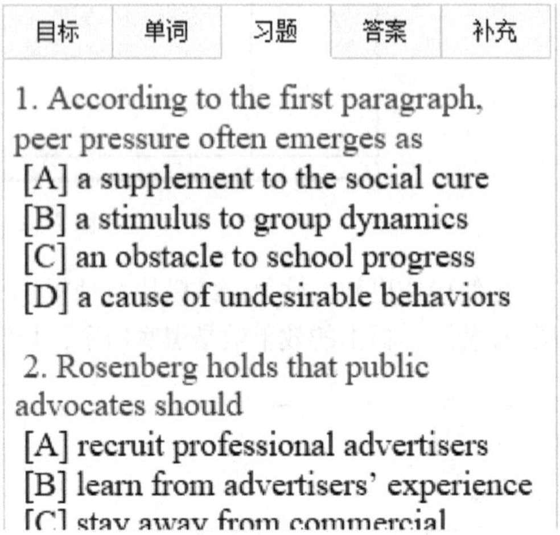

目标 单词 习题 答案 补充

1. According to the first paragraph, peer pressure often emerges as
[A] a supplement to the social cure
[B] a stimulus to group dynamics
[C] an obstacle to school progress
[D] a cause of undesirable behaviors

2. Rosenberg holds that public advocates should
[A] recruit professional advertisers
[B] learn from advertisers' experience
[C] stay away from commercial

图 2-16　习题标签

目标 单词 习题 答案 补充

2. Rosenberg holds that public advocates should

罗森博格认为公共支持者应该：

[A] recruit professional advertisers

招募职业的广告人

[B] learn from advertisers' experience

从广告人那里学习经验

图 2-17　答案标签

如何根据自己的实际情况修改课堂练习中的具体内容呢？首先用记事本或其他网页编辑器打开位于“课文内容”文件下的“＊＊＊－练习. htm”，再找到对应标签的位置，替换其中的具体内容即可。例如，现在想修改第一单元“同伴压力”的练习内容，则用记事本打开“课文内容”文件下的“同伴压力－练习. htm”，定位到第一个“ <ul> </ul>”代码对，直接修改或替换其中的内容。如果要修改这一课的课堂练习题目，由于这部分内容位于“习题”标签下面，是所有标签中的第三个，则需要定位到第三个“ <ul> </ul>”代码对，直接修改或替换其中的内容。其他的修改以此类推，整个操作其实非常简单。但为了避免出错，建议先单独在网页编辑器中把课堂练习的相关内容编辑好之后，再在课件文件中找到相应位置，进行替换。

当然，如果需要活跃课堂气氛，请尽情发挥自己的网页编写知识，在标签内容中插入图片、音频和视频等。例如，图 2-17 中，在标签“目标”的下面插入一个 flash 作品，这可起到活跃课堂气氛的效果。在标签“补充”的下面除了“五只金鱼”（flash 作品）之外，还插入了一个音频播放器(图 2-18)，教师可在适当的时候播放一些轻音乐，调节学生心情，让他们疲惫的身心得以放松。

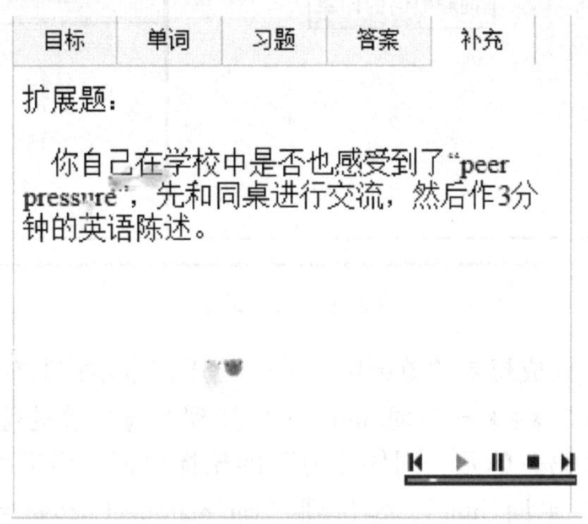

图 2-18　补充标签

这种附加的娱乐功能操作很简单，一般通过“embed”代码实现，如本例中显示“动态花草”（flash 作品）的显示方式如下。

```
<EMBED style="POSITION: fixed; RIGHT: -5px; BOTTOM: 5px; WIDTH: 200px; HEIGHT: 200px" align="right" src="../media/动态花草.swf"  quality="high" moda="transparent"></embed>
```

不需要调整位置，只要把上面代码中的粗体部分换成自己想要的 flash 作品就可以了。

最后提醒一下，课堂练习区域及电子板书区域都是可以关闭的，开启或关闭的控制按钮位于整个课件的右下角，即工具控制区域的 隐藏工具 按钮，点击可关闭课堂练习和电子板书的显示界面，同时该按钮变成 恢复工具 ，再点击又可恢复课堂练习和电子板书的显示界面。不需要使用这两个区域时，这种设计可以腾出宝贵的显示空间进行其他教学活动，同时也避免了不必要的视觉干扰。

5. 单词轮播区域

虽然课堂练习区域已经有了“单词”标签，但考虑到生词记忆是阅读的基础，并且很多学生反映记忆单词一直是他们的老大难问题，因此在课件顶端设计了一个单词轮播区域，采取如广告宣传般走马灯式的轮流播放方式，在潜移默化之中帮助学生记忆重要的生词和短语(图 2-19)。

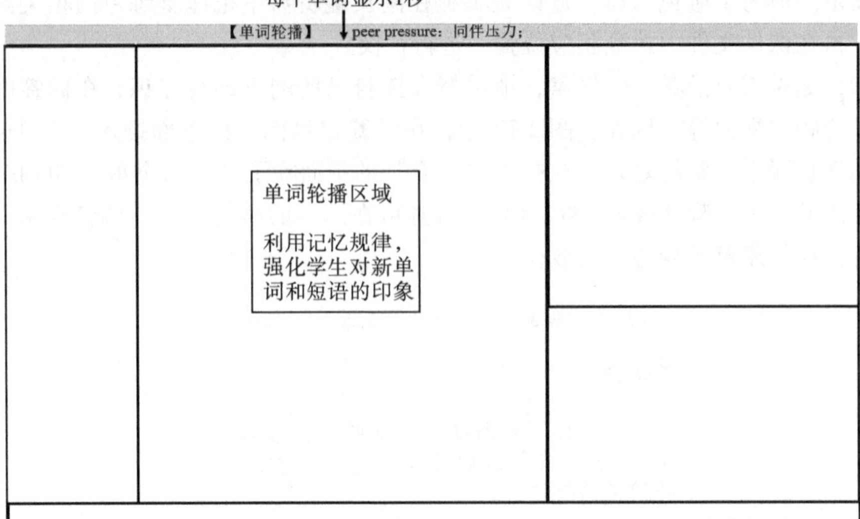

图 2-19　单词轮播

如何把轮播的内容换成想要的单词呢？首先使用记事本或其他网页编辑器打开位于“课文内容”文件下的“＊＊＊－单词. htm”，再找到对应标签的位置，替换其中的具体内容即可。例如，修改第一单元“同伴压力”的轮播单词，用记事本打开“课文内容”文件下的“同伴压力－单词. htm”，定位到“var marqueeContent = new Array( );”代码对，直接修改或替换后面的内容(下面代码中的粗体部分)。

```
var marqueeContent = new Array();        //滚动主题

marqueeContent[0] =[ <span style = "color: #3333ff; " >peer pressure </span> <z>: 同伴压力; </z> </span>]';

marqueeContent[1] ='[[ <span style = "font-size: 18px; " > <z> <span]
[style = "color: #3333ff; " >positive force </span>  : 正能量; </z> </span>]';

marqueeContent[2] ='[ <span style = "font-size: 18px; " > <z> <span]
[style = "color: #3333ff; " >group dynamics </span>  : 集体动力; </z>] </span>';

marqueeContent[3] ='[ <span style = "font-size: 18px; " > <z> <span]
[style = "color: #3333ff; " >antismoking program </span> <z>: 禁烟运动; ]
[ </z> </z> </span] >';

marqueeContent[4] ='[ <span style = "font-size: 18px; " > <z> <z> </z> <span]
[style = "color: #3333ff; " >convincingly </span>: 令人信服地; </z> </span>]';

marqueeContent[5] ='[ <span style = "font-size: 18px; " > <z>  <span]
[style = "color: #3333ff; " >There' s no doubt that  </span>: 毫无疑问……; ]
[ </z> </span>]';

marqueeContent[6] ='[ <span style = "font-size: 18px; " > <z> <span]
[style = "color: #3333ff; " >unconsciously </span>: 无意当中; </z> </span>]';

var marqueeInterval = new Array();   //定义一些常用而且要经常用到的变量
```

上面代码中默认显示七个单词，如果在实际使用中要显示的单词数量不是七个，可根据轮播代码的编写规律(marqueeContent[数值] ='单词的 html 代码')直接进行相应的改变。

6. 时间控制区域

一个好的课件除满足逻辑清晰、内容丰富这些要求外，还需注意一个平时容易被忽视的问题，即帮助教师掌握教学节奏，也就是帮教师在课堂上控制和管理时间。为此我们专门设计了时间控制区域，增加了课件在课堂时间管理方面的功能。

时间控制区域首先可以根据事先设定的学校作息时间表和教师课表，自动显示上下课的时间以及课堂教学使用的时间信息和时间分配状况，包括已用时间、剩余时间、已用时间在整堂课时中所占的比例(图 2-20)，这些信息除了用数字准确显示之外，还用一根细长的红色进度条显示在课件底部，既不占用宝贵的课件空间，又直观生动、一目了然。

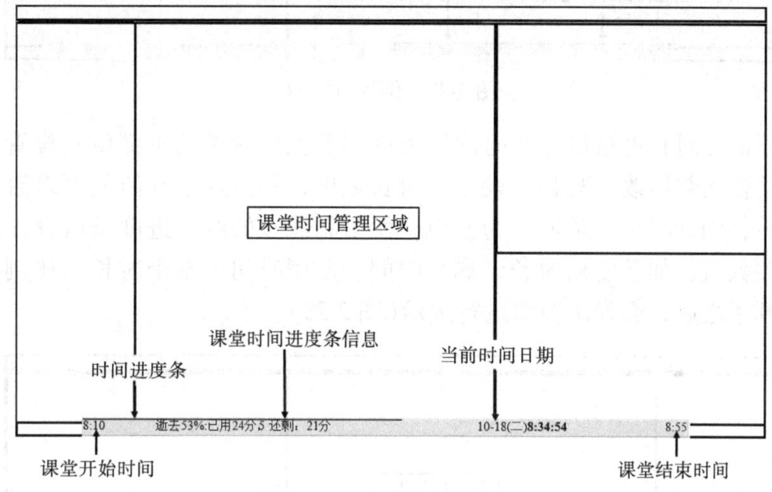

图 2-20　课堂时间进度显示

课堂时间进度的显示是自动化的，课堂结束时，还会弹出窗口提示。

此外，课堂上老师经常要限定时间，让学生来完成某项教学活动，这就需要课件能够同时提供倒计时功能(图 2-21)。我们将倒计时器和课堂时间显示功能整合在一起，便于课堂使用和集中管理(图 2-22)。

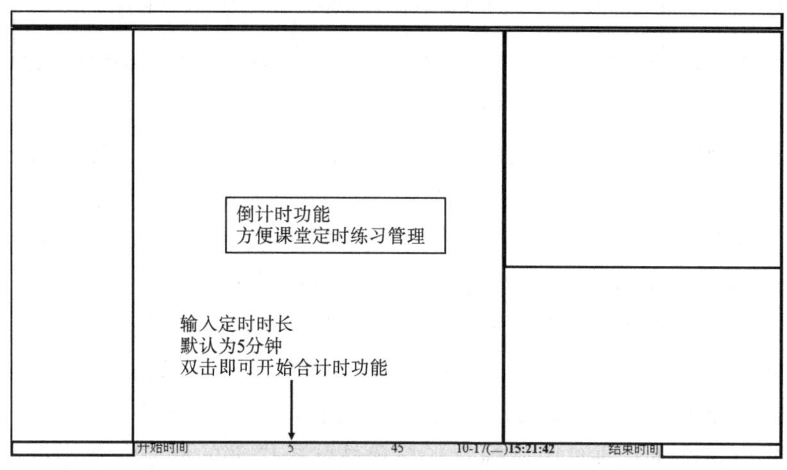

图 2-21　倒计时设置

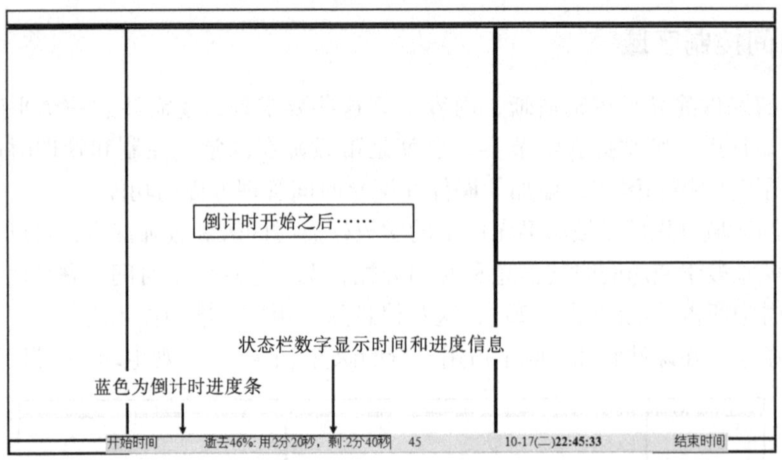

图 2-22 倒计时功能

倒计时器的计时长度被设置在时间管理区域黄色柱状条的中部偏左位置，默认 5 分钟，可以手动输入数值改变时长。设定好时长之后，双击这个数值就可以启动倒计时功能。启动之后，倒计时进度条显示为蓝色，便于和课堂的红色进度条区分，并且会显示倒计时的相关数值，如已使用时长、剩余时间、已用时间占整个时长的比例等。倒计时设定的时间到了之后，会弹出窗口进行提示(图 2-23)。

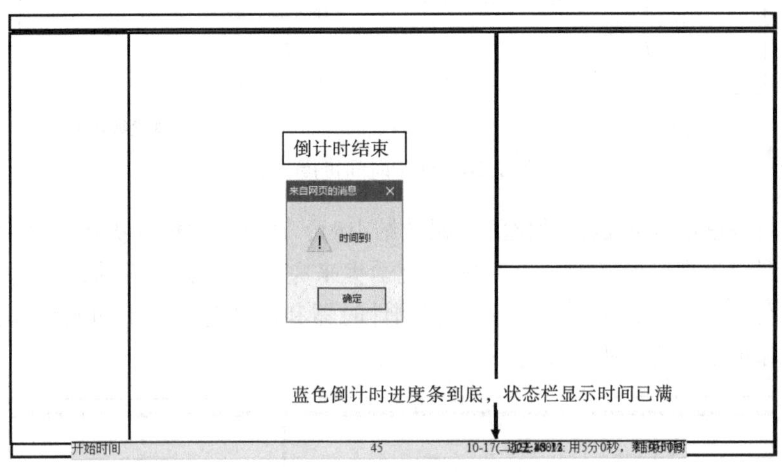

图 2-23 倒计时结束

当然，时间管理必须要根据使用者的具体情况进行修改。首先需要打开“public”文件夹下的“课堂时长. txt”，这是一节课持续的时间长度，默认是 45 分钟，这个数值可以修改，如有的学校一节课是 50 分钟，则需要把 45 改成 50。其次打开同一文件夹下的“课堂时间表. txt”，这是每堂课开始的具体时间，按先后顺序依次排列，如文件内容是“8：10 =9：05 =10：20 =11：15 =14：30 =15：25 =16：25 =17：20”（格式为：第一堂课开始时间 = 第二堂课开始时间 = 第三堂课开始时间……），只需要根据实际情况修改其中的时间数值即可。如果使用之前没有输入上面这些信息，课件不能自动显示上课的时间信息，只能靠教师上课时用鼠标双击黄色柱状条中部的课堂长度数字(默认是 45，可修改随意数字)，以人工方式启动课堂计时器。

7. 特色阅读功能

提高学生阅读速度的一个重要方法是让他们养成用眼睛扫视意群的习惯。为此，我们专门研究并开发了相关的一个特色功能：逐句阅读模板，其界面(图 2-24)和作用(图 2-25)如下。

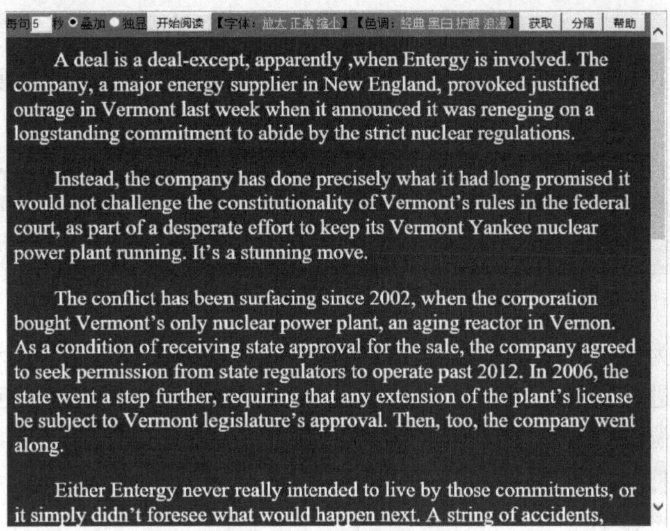

图 2-24　逐句阅读界面

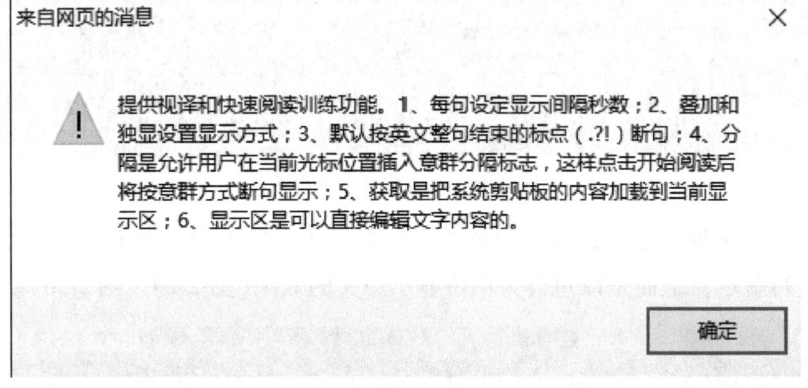

图 2-25　作用信息

页面顶部左端文本框内的数值代表每句原文显示的时间长度，默认是 5 秒，可以根据实际情况进行调整。“叠加”和“独显”可以设置原文句子显示的方式，如果是处于“叠加”状态，则先前显示的原文句子不会消失，会和后面出现的原文内容一起保留在页面上，可以给学生提供语境线索；若处于“独显”状态，则页面上只显示当前的原文句子，有利于学生集中精力解读当前句子。选择好显示方式之后，点击 开始阅读 按钮，页面将按设置好的时间长度自动逐句显示原文句子，在“叠加”状态下，当前句子用红色表示，方便和其他语句进行区分(图 2-26)。

每句5 秒 ● 叠加 ● 独显 开始阅读 【字体：放大 正常 缩小】【色调：经典 黑白 护眼 浪漫】 获取 分隔 帮助

A deal is a deal-except, apparently ,when Entergy is involved. The company, a major energy supplier in New England, provoked justified outrage in Vermont last week when it announced it was reneging on a longstanding commitment to anide by the strict nuclear regulations.

图 2-26 “叠加”状态下的逐句显示

如果处于“独显”状态，则页面始终只显示当前句子，不会变色(图 2-27)。

每句5 秒 ● 叠加 ● 独显 开始阅读 【字体：放大 正常 缩小】【色调：经典 黑白 护眼 浪漫】 获取 分隔 帮助

The conflict has been surfacing since 2002, when the corporation bought Vermont's only nuclear power plant, an aging reactor in Vernon.

图 2-27 “独显”状态下的逐句显示

上面都以句为单位进行显示，没有达到以意群为单位进行显示和阅读的效果。事实上，以句为单位进行显示在技术上容易实现，因为标点符号可以很好地起到断句的作用，但要以意群为单位进行断句，就只能靠人工标注了。为此，在页面顶部靠右端的地方设置了 分隔 按钮，其作用是在当前光标位置插入一个分隔意群的红色标志(图 2-28)，可在视觉上起到醒目效果。

每句5 秒 ● 叠加 ● 独显 开始阅读 【字体：放大 正常 缩小】【色调：经典 黑白 护眼 浪漫】 获取 分隔 帮助

A deal is a deal-except,|| apparently ,when Entergy is involved. The company, a major energy supplier in New England, provoked justified outrage in Vermont last week when it announced it was reneging on a longstanding commitment to abide by the strict nuclear regulations.

图 2-28 插入意群分隔标志

如果原文中出现了这样的意群分隔符号，在点击 开始阅读 按钮之后就会自动以意群为单位进行显示，下面是以意群为单位显示原文的效果(图 2-29、图 2-30)。

每句5 秒 ● 叠加 ● 独显 开始阅读 【字体：放大 正常 缩小】【色调：经典 黑白 护眼 浪漫】 获取 分隔 帮助

A deal is a deal-except,|| apparently ,when Entergy is involved. ||The company, a major energy supplier in New England, ||provoked justified outrage in Vermont last week ||when it announced it was reneging on a longstanding commitment ||

图 2-29 “叠加”状态下以意群为单位显示原文

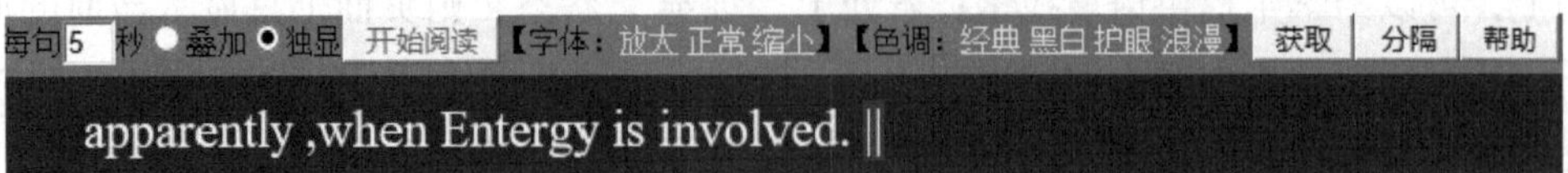

图 2-30 “独显”状态下以意群为单位显示原文

如何才能将逐句阅读模板中的阅读原文换成想要的内容呢？方法很简单，把想要阅读的原文内容复制，然后点击模板页面顶部靠右端的 获取 按钮，把阅读原文直接加载进来。

本模板页面区域显示的内容都可直接编辑，这进一步提高了阅读模板的灵活性。

模板顶部提供的人性化功能，如字号的调整(【字体：放大 正常 缩小】)、背景色调的替换(【色调：经典 黑白 护眼 浪漫】)等，已经在阅读课件的前面部分进行了介绍，这里不再赘述。

第三章　英汉翻译课程多媒体课件设计

一、翻译课件的整体布局

根据多年的教学实践经验，同时充分考虑了同行和学生的反馈意见，提出了翻译课件的整体布局如下，界面如图 3-1 所示。

翻译课件布局规划

导航区域

课件内容

课堂时间进度显示和控制

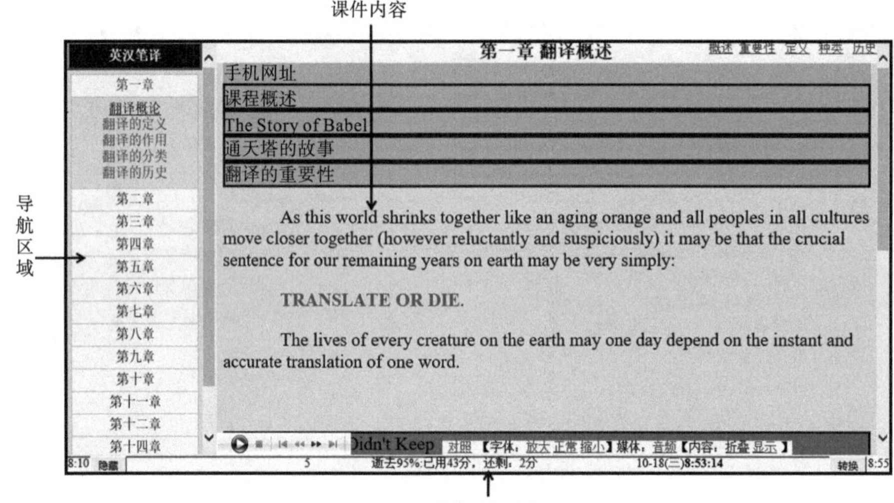

图 3-1　翻译课件界面

导航区域和课堂时间进度的显示与管理是任何课件都要必备的基本构成要素，它们的功能均已被模块化设计，用户只需要在其中进行简单的修改替换工作就可使其显示出想要的内容。其具体操作流程已经在讲解阅读课件时进行了介绍，这里就不再赘述。

本章只重点说明翻译课件内容区域的设计情况，主要介绍该课程特有的翻译功能模块的操作方式。

二、翻译课件设计的重点和难点

1. 重点

英汉翻译是一种以过程为中心，面向实践的应用型课程，因此翻译课件除了像其他课程一样需要展示基本的翻译理论、方法和技巧之外，最重要的是提供大量的课堂练习进行集中训练。训练中教师要重视最终的参考答案，即为每个翻译原文提供相应的优秀译文，但同时教师要在课堂上清楚地向学生演示翻译过程，即翻译的操作思路和实际步骤，“授人以渔”，让学生“知其然也知其所以然”，使同学在观摩翻译的实际操作过程中感受和借鉴他人优秀的翻译经验，在此基础上增强自己的翻译实践能力。

2. 难点

(1)翻译课件要提供大量的译例供学生练习和借鉴，一般情况下，教师只能先展示每个译例的原文，让学生自己动手翻译，然后再提供相应的译文和大家进行参考对照，这就涉及如何从技术上实现原文和译文的对应，以及如何方便地显示和隐藏相应的译文。

(2)如何通过某种技术手段，保证教师在课堂上可以方便、流畅和直观地展示翻译特定句子的整体过程。同时，这样的翻译过程最好能够以数字化的方式保存起来，便于通过网络传播、分享，真正实现推广翻译经验的效果。

三、翻译课件内容模块的技术实现手段

课件通过 frame 框架把各个网页版块内容拼装在一起。这样可以把复杂的课件整体分解成单个的网页内容，便于集体备课的任务分工模式，如课文的录入由一位老师专门负责，课堂练习的设计由另一位老师专门负责，这样显得更科学、轻松、高效。

1. 翻译课件内容展示

翻译课件内容以静态展示为主，需展示翻译理论、方法、技巧和相应的译例。因此，只要大家具备基本的 HTML 知识，就能根据实际情况编写出实用大方、美轮美奂的课件网页。下面是关于翻译课件内容的一个截图(图 3-2)。

为简化部分工作量，我们把翻译课件中常用的操作也封装成了相应的功能模块，方便大家在设计或修改课件内容时直接调用。翻译课件虽然像常规课件一样，静态展示的内容占了很大的比例，但其中免不了要进行必要的交互响应。

首先，为了方便地在课件各个内容板块之间跳转，我们在课件右上角设计了一个内容导航，其位置固定，不会随课件内容的滚动而改变或消失，从而保证在很多情况下仍然可以很方便地对课件内容进行导航操作。这个内容导航就相当于课件内容的大纲目录，它既可以简洁清晰地显示课件的内容体系，又可以通过鼠标点击，实现在课件各个内容板块之间的自由跳转。这个功能是通过在课件内容网页中增加锚的位置，然后通过最普通的链接代码“ <a > </a >”实现网页内部的定位跳转的。例如，图 3-2 是通过点击内

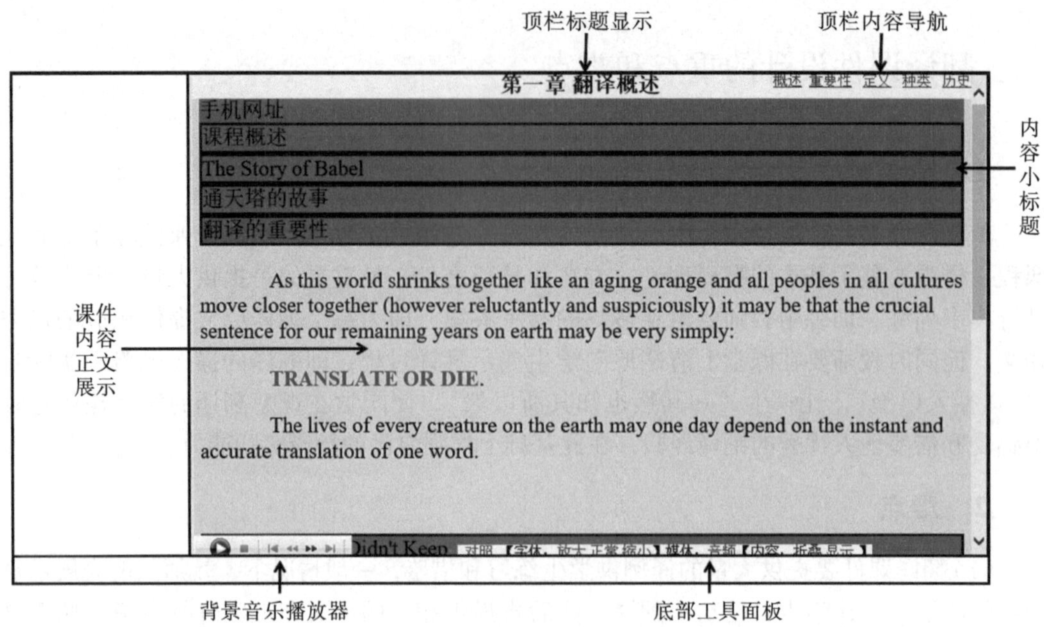

图 3-2 翻译课件内容区域

容导航面板上的“重要性”跳转的。先前编写课件网页的时候，在介绍翻译重要性的显示内容前面增加一个锚标志“ <a name = " 重要性" > </a>”，然后找到内容导航的代码区域，在相应位置增加这样的代码“ <a href = " #重要性" >重要性</a>”，就可以实现上面的内容导航功能。

其次，我们把翻译内容区域的内容小标题设计成了标签条的形式，点击就可显示或关闭下面的具体内容，较为灵活直观，可以有效地节约宝贵的显示空间，有利于学生专注于当前的学习内容。在实际使用的时候，教师们必须要修改的就是下面代码中粗体部分。

```
<div                                          onclick = "this_ div = 'my_ div5'; disp_ div(); "
style = "cursor: hand; background-color: Magenta; font-size: 24px; border: outset; " >
翻译的重要性
</div>
<div id = "my_ div5" onclick = "this_ div = this. id; " style = "display: block; font-size: 24px; " >
具体内容的 HTML 代码
</div>
```

虽然课件内容有小标题栏，点击就可关闭或隐藏下面的具体内容，可让教师很方便地控制学生在上课时看到的内容，但考虑到有时课件内容小标题较多，一般教师开始上课时并不希望学生看到标题下面的具体内容，通过逐个手动点击标题隐藏内容的方式就稍显麻烦，于是在底部功能面板中设计关于内容的“折叠”“显示”按钮，只要轻轻一点，就可折叠或展开所有的小标题栏，操作方便高效。此外，小标题栏本身就是课堂内容的简要总结，在课堂开始和结束时如果能够展示所有的小标题栏，应当可以产生很好的提示效果(图 3-3)。

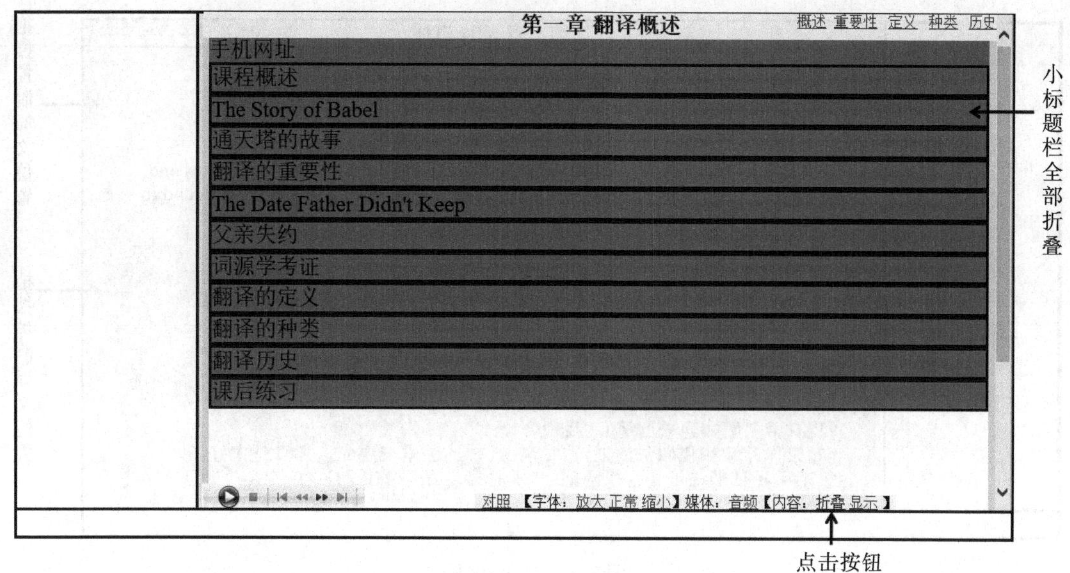

图 3-3　折叠、显示小标题栏

在编写或修改具体的显示内容时，注意保证内容代码中“my_ div”后面数值的一致，否则会造成后面动态调整各部分字体大小的功能异常。这是因为在展示课件时，鼠标点击到的显示内容会传递相应的位置参数(div 的 id)，而底部功能面板中控制字体显示并不是控制整个课件页面的所有字体大小变化，而是控制当前正在操作的内容小标题下面的具体内容，因此就需要获取课件页面传递的位置参数，从而决定调整具体内容的字体大小。控制字体功能中的“正常”是将当前内容的字体恢复默认字号(24 号)，而“放大”“缩小”都是在当前字号的基础上增加或减少两个数值。

此外，底部功能面板中的“对照”也是根据课件页面传递的位置参数来确定获取哪个小标题下面的具体内容并显示在单独弹出的新窗口里面，弹出的小窗口的位置是固定不变的，在其他课件内容滚动的时候，该窗口中的内容始终保持在固定的位置，从而实现相互之间的一种对照作用(图 3-4)。这个功能在讲解如语篇等篇幅较长的翻译例子时非常有用。例如，教师在讲解某个语篇的翻译时，可以先点击该语篇对应译文的小标题栏，把位置参数传递出去，接着点击对照功能。此时译文的具体内容已经显示在了对照窗口里面，可以轻松地用鼠标拖曳原文和译文的滚动位置，从而实现对原文与译文在任何位置的表达情况都可以进行对照和分析的操作。

对照功能主要是针对大段的原文和译文，但在翻译课堂上经常出现的情况却是句子之间的翻译。教师往往要先展示某句英语原文，然后留给学生一段时间动手翻译，最后再提供一份优秀的译文供大家参考或讨论。这种情况下，对照功能不太适用，更简单的应当是直接把原文和译文放在一起，然后对译文加以控制，让其在需要的时候可以折叠或显示(图 3-5)。

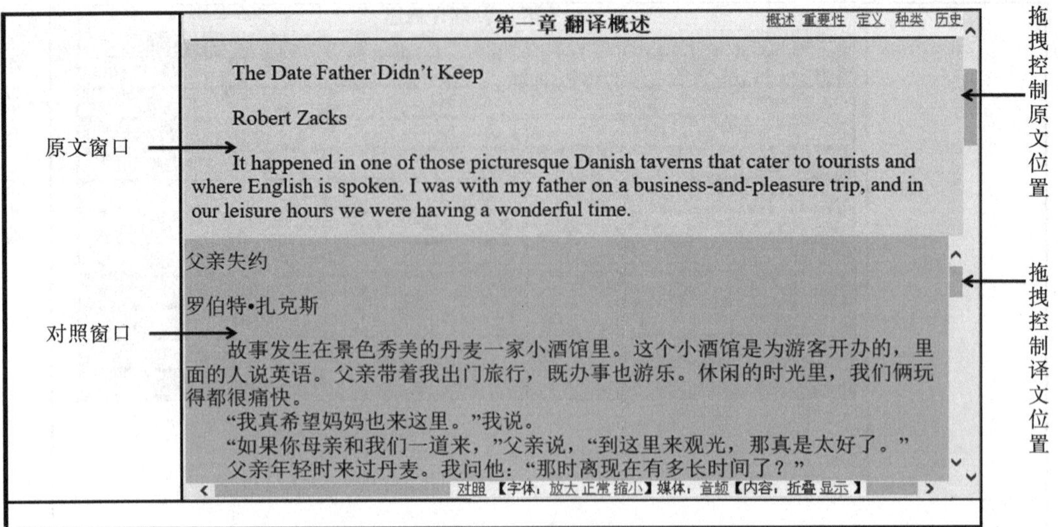

图 3-4 对照功能

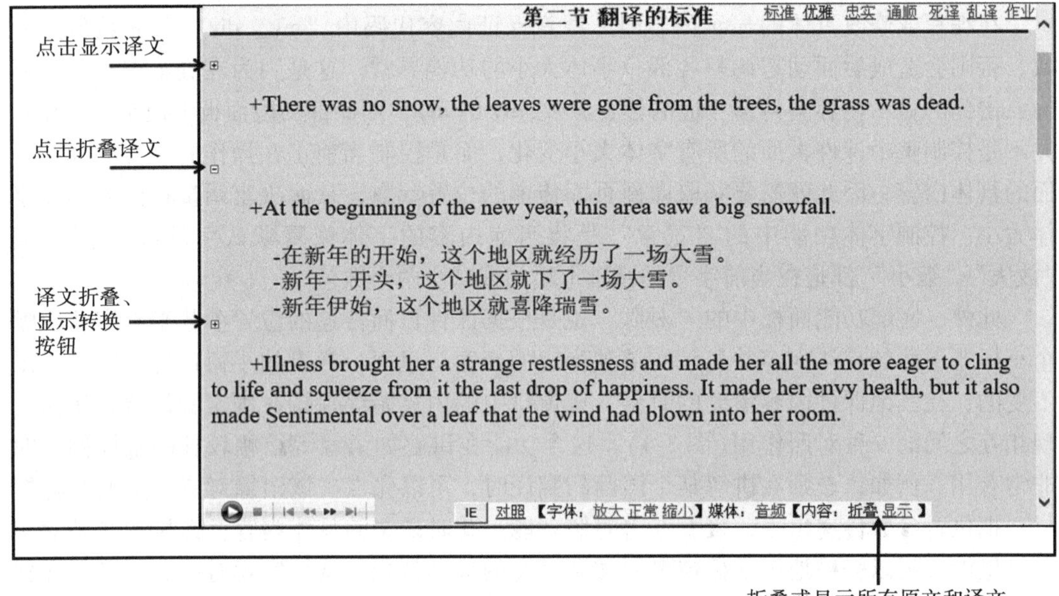

图 3-5 译文的折叠、显示

该功能已在课件中模块化，大家可以打开课件文件，在内容小标题栏下放进译例的原文和译文，注意原文和译文应当分别放在独立的 html 代码标签里面，如采取下面这种格式(把粗体部分换成自己的内容)。

```
<p>原文</p>
<p>译文</p>
```

然后直接拷贝下面的代码并复制在原文的前面。

```
<img title = "展开此段文字" style = "cursor: hand; display: inline; "
onclick = "if( document. all[ this. sourceIndex + 1] . style. display = = '' | | document. all[ this. sourceIndex + 1]
. style. display = = 'inline ') { document. all [ this. sourceIndex + 1] . style. display = 'none'; this. src = 'img/plus. gif '} else
{ document. all[ this. sourceIndex + 1] . style. display = 'inline'; this. src = 'img/minus. gif'} ; "
src = "img/minus. gif" >
```

例如，图 3-5 中第一个译例的完整代码如下。

```
    <img title = "展开此段文字" style = "cursor: hand; display: inline; "
onclick = "if( document. all[ this. sourceIndex + 1] . style. display = = '' | | document. all[ this. sourceIndex + 1]
. style. display = = 'inline ') { document. all [ this. sourceIndex + 1] . style. display = 'none'; this. src = 'img/plus. gif '} else
{ document. all[ this. sourceIndex + 1] . style. display = 'inline'; this. src = 'img/minus. gif'} ; "
src = "img/minus. gif" >
 <p> + There was no snow, the leaves were gone from the trees, the grass was dead. </p>
    <p> - 天未下雪, 但叶落草枯. </p>
```

如果翻译例子比较多，手动修改未免烦琐，这时可使用课件提供的一个内容编辑模板，即“英汉笔译 - 自动模板. htm”，打开之后界面如下(图 3-6)。

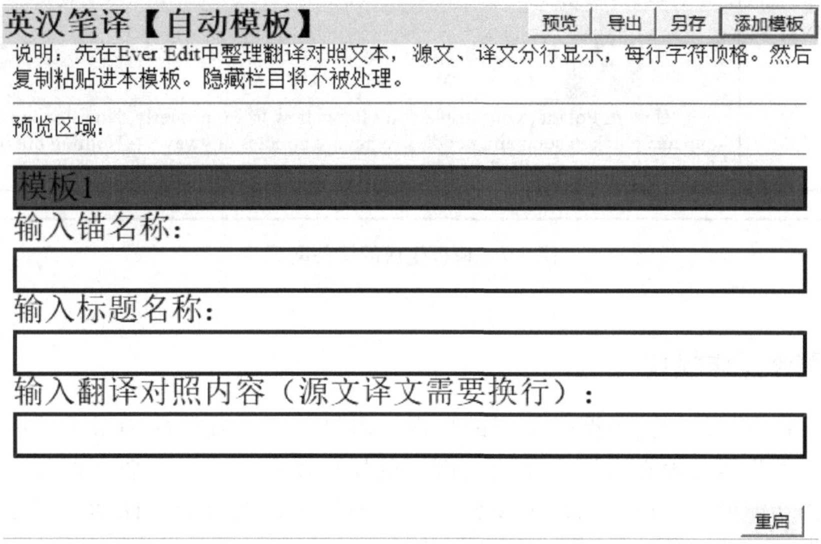

英汉笔译【自动模板】　预览　导出　另存　添加模板
说明：先在Ever Edit中整理翻译对照文本，源文、译文分行显示，每行字符顶格。然后复制粘贴进本模板。隐藏栏目将不被处理。
预览区域：
模板1
输入锚名称：
输入标题名称：
输入翻译对照内容（源文译文需要换行）：
重启

图 3-6　自动模板界面

在本模板中，“锚名称”指显示在课件网页左上端的内部内容导航菜单；“标题名称”是课件网页上显示的在紫色标题栏的一级标题；“翻译对照内容”是输入课件的主体内容，其中原文和译文换行显示，字符顶格输入。为了避免错误，最好先在文本编辑软件(推荐 EverEdit)中编辑整理，然后再拷贝进模板之中。输入完毕之后，点击“预览”按钮在模板中显示效果，如果在预览后需要修改，可以在模板编辑区域修改。如需增加新标题栏和翻译例子，点击“添加模板”，重复前面的操作。如果想删除添加的模板内容，可以点击相应的模板标题栏，将其隐藏，之后不会被模板识别和处理。检查无误之后，点击“另存”按钮并在弹出的对话框中输入课件的名称，可把模板中编辑的内容保存为完整的网页文件，直接在课堂上使用。

用模板保存的课件内容，在排版和功能上比前面人工编辑的课件网页略有增强，这表现在对每个标题栏下的例子进行了数码标注，显得更清晰自然，同时每个例子下面提供了一个可编辑的空白行，可以直接输入译文。使用时，可先关闭所有例子的译文显示，然后把鼠标指向译文输入区域，弹出的小窗会提示“输入译文”，在课堂上讨论并输入译文之后，再把事先编辑好的译文打开(图 3-7)，进行对照，教学效果明显提高。

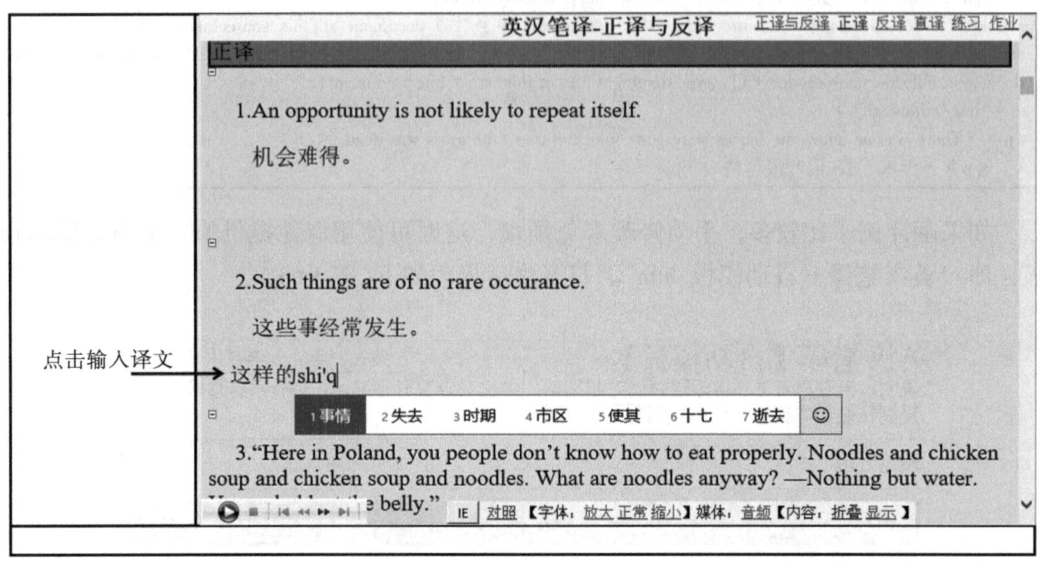

图 3-7 模板生成的课件网页

2. 翻译操作模块

前面内容主要是对翻译课件知识的呈现，但培养学生翻译能力最重要的是以过程为中心，让学生清楚地知道译文从原文翻译的操作步骤，这就需要在课件中提供一个特殊的翻译功能模块，可以简便地操作，直观地演示，把教师翻译的主要步骤清晰地展现在学生的面前。为此，我们精心设计了下面的操作模块，提供本课程的特有的翻译功能。

由于翻译过程主要是动态的操作演示，不同于前面的静态知识的内容呈现，课件中以附件的形式提供这部分功能模块。在课件框架底部的时间显示区域的右端，设置有 转换 按钮，作为翻译操作模块的入口。

点击之后，课件内容页面将被翻译功能模块页面所取代(翻译结束之后，再点击同样位置的 转换 按钮，课件又可以切换回先前的内容)，整个模块的显示界面如图 3-8 所示。

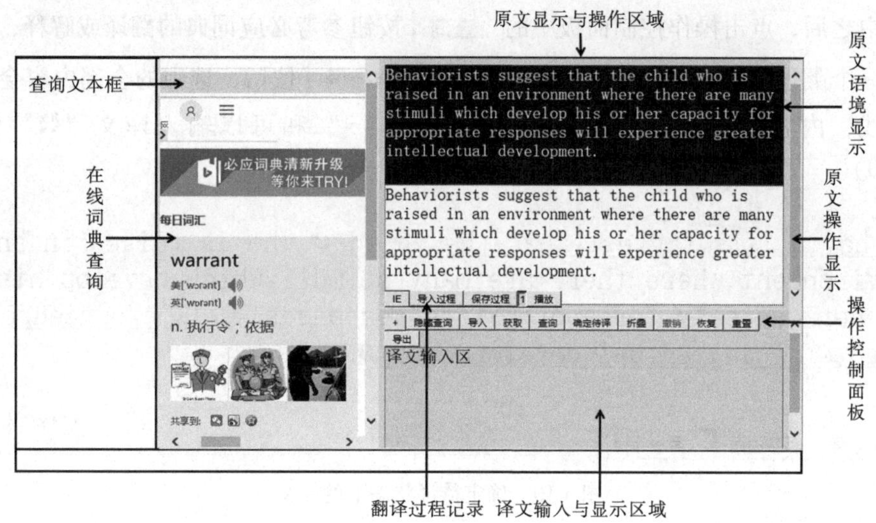

图 3-8　翻译功能模块

从图 3-8 可以看出，翻译功能模块分为三大区域：在线词典查询区域、原文显示与操作区域以及译文输入与显示区域，下面分别介绍这三大区域。

在线词典查询区域嵌套了微软必应在线词典，在翻译的过程中，既可以在最上面的输入框中直接输入要查询的生词，也可在原文操作区域，选中要查询的生词，再点击操作控制面板上的查询按钮。需要说明的是，通过原文操作区域选中单词进行查询时，可进一步查询由单词组成的句型，或者选中一大段文字查询它在必应词典中的参考译文，这对我们以句子为单位的翻译实践尤为有用，毕竟单个生词的查询比通过在原文显示与操作区域提供的“即指即译”可更为便捷地实现。举个例子，把鼠标指向“behaviorist”，“即指即译”功能马上弹出小窗，告诉我们它的意思是“行为主义者、行为科学家、行为分析学家”，但在原文操作区域依次选择“Behaviorists suggest that the child ”及“will experience greater intellectual development. ”，然后点击操作控制面板上的“查询”按钮，选择的两处内容将在必应词典中合并为一个整体进行查询，提供一个机器译文进行参考：“行为主义者认为，儿童的智力就会发展到较高的水平。”

原文显示与操作区域分为上下两栏，上面是黑底白字的原文整体内容，可提供一个完整的语境参考，下栏是白底黑字的原文操作区域。可用鼠标连续拉选要翻译的内容，选中的内容自动变红，和其他未选的内容以示区别(图 3-9)。

Behaviorists suggest that the child who is raised in an environment where there are many stimuli which develop his or her capacity for appropriate responses will experience greater intellectual development.

导入过程　保存过程　1　播放　　bing屏幕取词 Chinese Dictionary

图 3-9　连续选择原文内容

选中之后，点击操作控制面板中的 查询 按钮参考必应词典的翻译或解释，也可将其作为一个翻译单位开始翻译，但需要点击 确定待译 按钮，选中的全部内容会自动出现下划线，内容前后两端分别显示可以折叠“⊟”和可以输入译文“↻”的图标(图 3-10)。

⊟Behaviorists suggest that the child ↻ who is raised in an environment where there are many stimuli which develop his or her capacity for appropriate responses ⊟will experience greater intellectual development. ↻

导入过程 | 保存过程 | 1 | 播放 | 1

bing 屏幕取词 Chinese Dictionary

图 3-10　确定待译状态下的原文

点击输入译文的图标进入此部分语句的译文输入状态。为了达到醒目与区别的效果，在原文中输入的译文显示为蓝色字体(图 3-11)。

⊟Behaviorists suggest that the child ↻
行为学家们认为这个孩子 who is raised in an environment where there are many stimuli which develop his or her capacity for appropriate responses ⊟will experience greater intellectual development. ↻会经历

导入过程 | 保存过程 | 1 | 播放 | 1

bing 屏幕取词 Chinese Dictionary

图 3-11　在原文中输入所选片段的译文

也可选择点击操作控制面板中的 折叠 按钮，把所有未选的内容全部折叠隐藏，只留下刚才所选的内容(图 3-12)，这样干净利落，方便阅读。

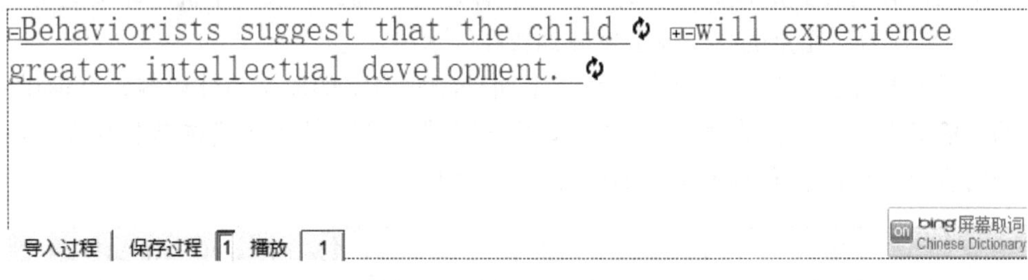

图 3-12　隐藏所有未选原文

这种情况下，一是选择在原文中输入每个片段的译文，二是可以在译文显示与输入区域直接输入整个选择内容的译文。教师可根据操作习惯选择具体方式输入译文。在原文中输入的译文片段，最后可以通过点击操作控制面板中的 导出 按钮，全部导入并显示在译文输入区域，两种译文输入方式的最终效果其实是完全等价的。

另外补充一点，操作控制面板中的 折叠 按钮除了隐藏所有未选内容之外，还有一个功能，当译者在原文区域选择了内容，但并没有点击 确定待译 按钮将其确定为待译的翻译片段时，所选的内容就会自动折叠，只在原来的位置留下一个表明有隐藏内容的图标 ⊞。图 3-13 是选择了“where there are many stimuli ”并点击 折叠 之后的情况，如果点击该图标，隐藏内容又会恢复显示。

⊟Behaviorists suggest that the child
行为学家们认为这个孩子 who is raised in an environment ⊞
which develop his or her capacity for appropriate responses
⊟will experience greater intellectual development. 会经历

导入过程 | 保存过程 | 1 | 播放 | 1 bing屏幕取词 Chinese Dictionary

图 3-13 隐藏所选原文

上面提及的翻译步骤是先通读原文，然后分析句型结构，选择翻译单位，分别单独翻译，再进行下一轮的重复，这样最符合大家的翻译习惯，因此是最典型的翻译操作。这样的步骤可以一直重复，直至最后将整个原文译完。而译文是否准确、译者是否优秀，主要是通过译者对原文的断句与措辞、分解与组合的操作选择表现的，这样的过程最能体现翻译能力，最值得观摩学习，因此必须想办法记录下来并随时选择重放。

现在，对翻译过程的记录与保存、载入并播放的功能也已经在翻译功能模块中实现。大家在原文操作区域的左下角可以看到一排 导入过程 保存过程 1 播放 按钮，这就是针对上述功能而设计的。前面已经指出，翻译过程中最重要的步骤就是断句与组合，因此译者每点击一次 确定待译 按钮，就会产生一个相应的记录快照，记录下原文操作区域的选择情况和译文输入情况，并依次显示在 播放 按钮的后面，如上例中将原文分成五次才译完，翻译记录显示如图 3-14 所示。

⊟Behaviorists suggest that the child
行为学家们认为一个孩子 ⊟who is raised in an environment
如果成长的环境中 ⊟where there are many stimuli
充满了许多激励因素， ⊟which develop his or her capacity for
appropriate responses 可以训练他做出恰当的反应，那 ⊟will
experience greater intellectual development.
会经历更好的智力发展。

导入过程 | 保存过程 | 1 | 播放 | 1 | 2 | 3 | 4 | 5 bing屏幕取词 Chinese Dictionary

图 3-14 翻译记录

手动点击五个步骤中的任意一个，可回溯当时的翻译操作情况(如何断句、如何表达)，也可以直接点击 播放 自动从头播放整个翻译过程，如果觉得播放间隔的时间不合适，还可在播放间隔的输入框中输入合适的秒数，一切以人性化为设计原则。另提供了将当前的翻译记录保存为外部文件的功能，只需要点击 保存过程 并命名文件就可以了(图 3-15)，默认情况下这些关于翻译记录的文件都是以文本文件的形式保存在课件的“trans_ process_ data” 文件夹中的。

Explorer 用户提示

脚本提示:

请为翻译过程文件命名：

确定

取消

图 3-15 保存翻译记录

此外可以导入外部翻译记录文件，并在当前课件中重播文件中的整个翻译过程，这一切只需要点击 导入过程 并选择文件位置与文件名称(图 3-16)。

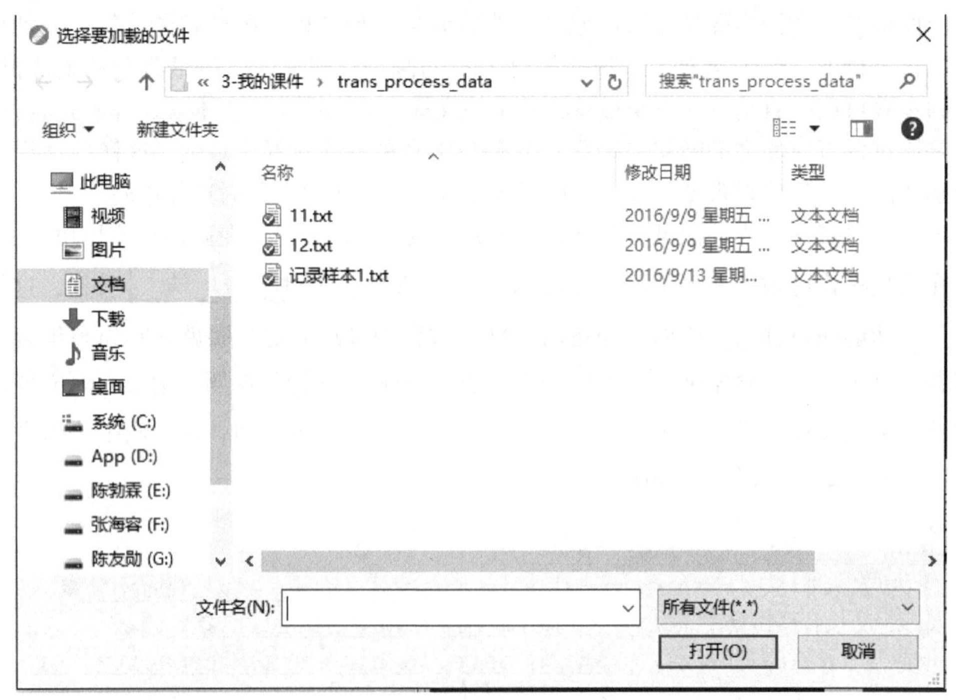

图 3-16 导入翻译记录对话框

翻译记录功能具有很强的实践意义。学生可以通过在翻译功能模块中进行练习，巩固翻译习惯，并通过播放各自的翻译记录来达到彼此交流学习的目的。

翻译功能模块是翻译课件体系中一个重要的特色功能，使用得当能给翻译教学带来很大的促进作用。

如何将翻译的内容放进去呢？简单地将翻译的内容拷贝一下，然后点击操作控制面板左边的 获取 按钮结束操作就可以了。

第四章　英语听力课程多媒体课件设计

一、听力课件的整体布局

听力课件的整体布局和前面的阅读课件基本一致，由导航区域、课堂时间进度区域和课件内容区域组成，最主要的功能区是课件内容区域，它由静态的知识呈现和特有功能板块(听力控制模块)两部分组成，二者之间可以随时切换。设计思路来源于作者多年的多媒体英语教学经验，实现了兼容面广，实用性强，操作简单而灵活的理念，能够满足听力课堂教学的多种需要。

听力课件布局规划

二、听力课件设计的重点和难点

1. 重点

英语听力是一种完全基于练习实践的基础课程，教师必须在课堂上提供大量的听力材料对学生进行全方位的实训。我们希望在课件中设计一套灵活的听力播放模块，基本覆盖听力课堂的所有常用功能，操作简单并人性化，体现“课件适应教学而非教学适应课件”的设计理念，是这套听力课件的努力方向。

2. 难点

英语听力也分为精听和泛听，前者要求学生听清楚句子中的每一个单词，所以对教师操控听力材料的能力要求相当高，必须实现精确到词的播放定位和播放控制。因此我们希望在课件中设计出一套基于 LRC 的听力播放模块，对声音实现可视化的播放操作。

三、听力模块的技术手段和操作方法

为了节约篇幅，与阅读课件相通的内容此处就不再赘述。因此省略听力课件中关于静态知识的内容介绍，重点介绍听力课件中的特色内容，听力播放模块。

由于听力模块功能相对复杂，因此设计时也采取了基于 frame 的框架式结构，将其分为以下几个组成部分，如图 4-1 所示。

听力模块组成部分

播放功能控制面板		
播放区间	播放内容	LRC 编辑
框架控制按钮		

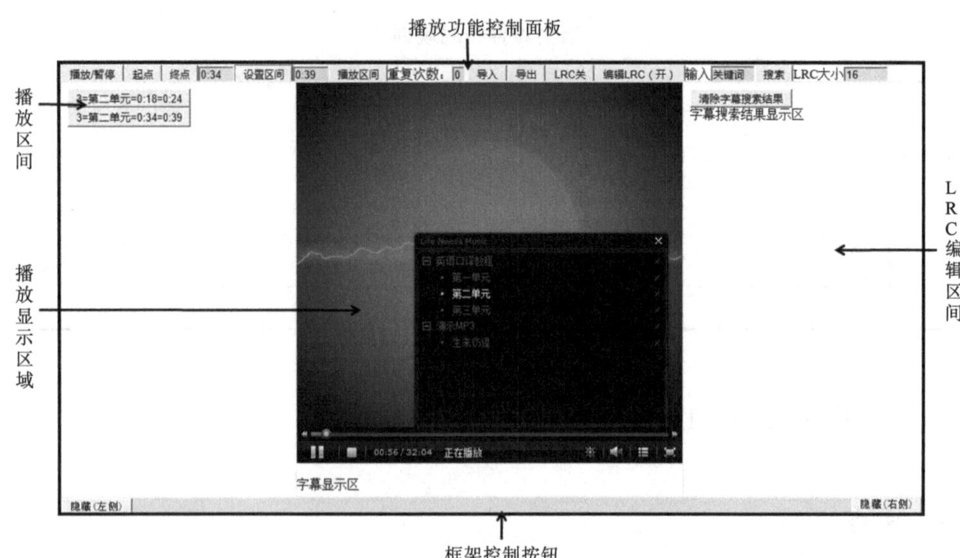

图 4-1　听力模块界面

1. 播放文件列表

首先说明，本课件中嵌入的这个网页播放器是晨风交流论坛提供的 CMP(一款免费的在线 flash 音乐播放器，全称为 CenFun Music Player)播放器，该播放器免费提供，基于 flash 制作，具有丰富的自定义功能和接口类型，可以轻松地满足一般的网页媒体播放需要。CMP 不仅支持诸如 MP3 之类的音频文件，同时也能较好地支持诸如 MP4、FLV 等视频文件。比起 Real Player 和 Windows Media Player，虽然播放兼容的文件格式稍逊一筹，但毕竟体积小巧，方便设置自定义功能，并且操作灵活，因此在听力课件中选用了 CMP 作为听力播放模块中的专用播放器，在此也向 CMP 的开发者付出的辛勤劳动和无私奉献表示感谢!

播放听力文件，首先是编辑播放文件列表，也就是位于 CMP 文件夹下的“list. xml”

文件。该文件的格式如下，只需要提供“label”（列表文件一级目录名称，后面的“opened”表示列表文件夹的打开状态，“1”表示展开，“0”表示关闭）、“src”（听力文件地址）、“lrc”（根据听力文件 script 文字而制定的字幕文件）和“label”（听力文件的显示名称），请教师们根据实际情况修改粗体部分。

```
<! - -
CMP 音乐列表文件

所有列表参数说明请见: http: //bbs. cenfun. com/thread - 10893 - 1 - 1. html

更多详细参数说明, 请参见 CMP 交流论坛 http: //bbs. cenfun. com/
- - >
< list >
< m label = "英语口译教程" opened = "1" >
< m type = "" src = ". . /课件网页/英语口译教程/mp3/01. mp3" lrc = "" label = "第一单元" / >
< m type = "" src = ". . /课件网页/英语口译教程/mp3/02. mp3" lrc = "" label = "第二单元" / >
< m type = "" src = ". . /课件网页/英语口译教程/mp3/03. mp3" lrc = "" label = "第三单元" / >
< /m >
< m label = "演示 MP3" opened = "1" >
< m type = "" src = "music/生来彷徨. mp3" lrc = "lrc/生来彷徨. lrc" label = "生来彷徨" / >
< /m >
< /list >
```

图 4-2 是列表载入播放器之后的显示效果。

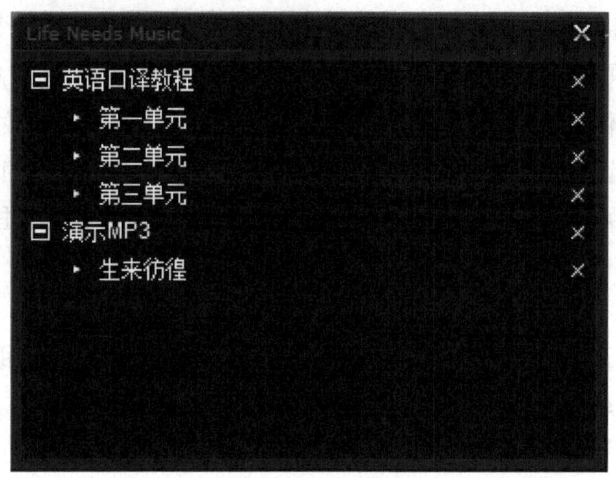

图 4-2　听力模块的文件列表窗口

2. 播放区间

点击播放列表窗口中的任意文件名称，相应的文件就会被载入播放器中播放。其播放与暂停功能除了可以在播放器的显示界面直接点击之外，也可通过听力模块顶端的功能控制面板上的 播放/暂停 进行控制。

在播放中，我们设计了一个非常方便的播放功能，即设置区间与区间播放功能，在功能控制面板上由以下按钮和文本输入框组成(图 4-3)。

| 起点 | 终点 | | 设置区间 | | 播放区间 | 重复次数：0 | 导入 | 导出 |

图 4-3　区间播放功能区

播放时点击功能控制面板上的 起点 按钮即可把当前的播放时间设为播放区间的起点，同时功能控制面板上 起点 按钮后的文字框 内会显示所选取的起点位置的具体数字。等文件播放到合适位置，再按功能控制面板上的 终点 按钮，即可把当前的播放时间设为播放区间的终点，功能控制面板上 终点 按钮后的文字框 内亦会显示所选取的终点位置的具体数字。如果设定的起点或终点不合适，只需要重复上面的步骤，直至设定到满意的区间为止。最后点击功能控制面板上的 设置区间 即可把当前设定的信息以按钮形式显示在播放区间，下面是一个播放区间的截图(图4-4)。

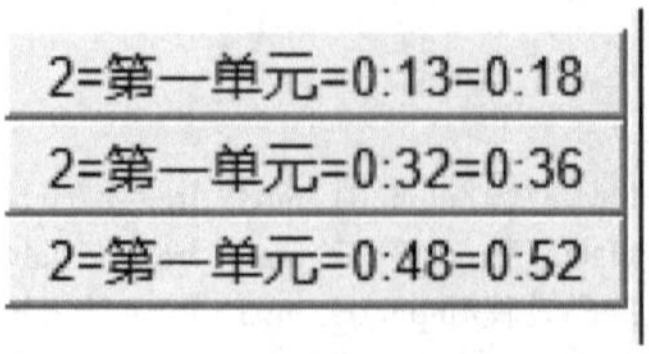

2=第一单元=0:13=0:18
2=第一单元=0:32=0:36
2=第一单元=0:48=0:52

图4-4 听力列表的播放区间

点击这些按钮，就可以播放文件上相应的区间，并且还可以通过在功能控制面板上的 重复次数：0 输入具体的数字，实现对该区间播放次数的控制。这个功能，对精听同一文件的不同片段是非常实用的。

播放区间的信息，可以通过点击功能控制面板上的 导出 按钮保存为本地文件，也可通过点击功能控制面板上的 导入 按钮，把已经保存好的区间信息文件加载到当前的播放文件中来。但是值得注意的是，加载的区间信息是和当前播放的文件直接对应的，换言之，即使加载了区间文件，但如果当前播放的文件和它无关，区间信息也不会显示出来。只有播放与之对应的文件时，区间信息才会显示在播放区间里面。

3. LRC 操控

要对当前播放的音频文件进行句子级别的操控体验，就必须借助 LRC 文件。LRC 文件本来是歌词文件，用来记录歌词和音乐之间的对应关系，其形式非常简单，采取的是“时间：文字”的对应方式，图4-5是歌曲“生来彷徨”的一句歌词文件。

```
[00：21.61]我们精神褴褛却又毫无倦意
[00：29.29]徘徊着寻找着那虚空的欢愉
[00：36.49]奔波着抗争着那无常的命运
```

图4-5 “生来彷徨”的 LRC 文件格式

在听力文件的精听操作中引入 LRC 概念，可实现我们对音频文件句子级别的可视化操作。

如果一个音频文件配有相应的 LRC 信息(注意 LRC 应当直接写在列表文件当中)，当播放的时候，默认情况下是自动显示 LRC 文件内容(图4-6)，并且这时 LRC 内容的字体大小是可以人为调节的，即通过在功能控制面板上的 LRC大小 16 中输入相应的数值(默认为16号字体)，控制显示的字体大小。

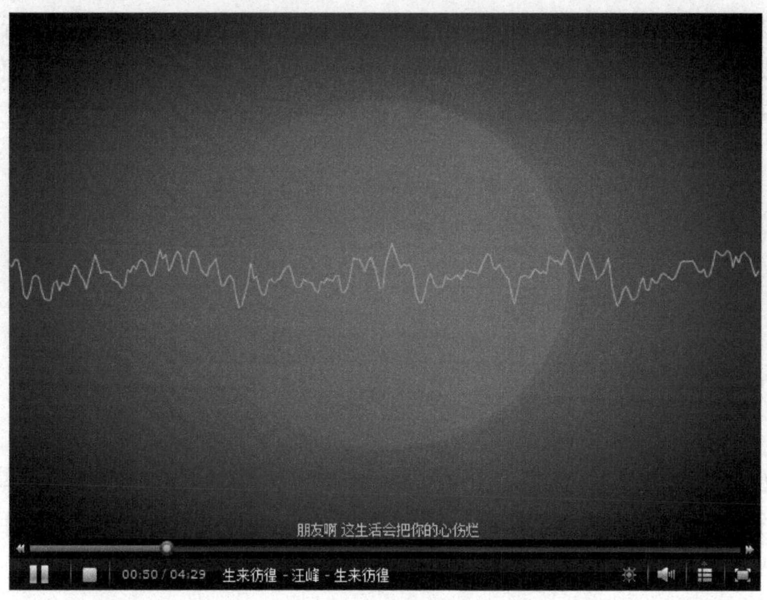

朋友啊 这生活会把你的心伤烂

图 4-6　LRC 显示

如果不希望显示 LRC 信息，可点击功能控制面板上的 LRC关 按钮，此时 LRC关 变为 LRC开，再度打开 LRC 功能可再次点击 LRC开 按钮。

听力课堂上，有时师生还希望能够重新听一遍包含某个单词或短语的所有句子。这时，就可以使用功能控制面板上的 输入 关键词 搜索 按钮。首先输入要查询的关键词，然后点击 搜索，在 LRC 编辑区域将列出所有包含关键词的查询结果，点击即可跳转到相应位置播放，并且 LRC 显示区域中关键词出现的地方也会以红色醒目显示。如果是多个搜索结果，默认情况下依次连续播放这些内容。下面是我们在关键词文本框中输入“彷徨”之后截取的搜索结果、播放内容和 LRC 显示区域图片(图 4-7)。

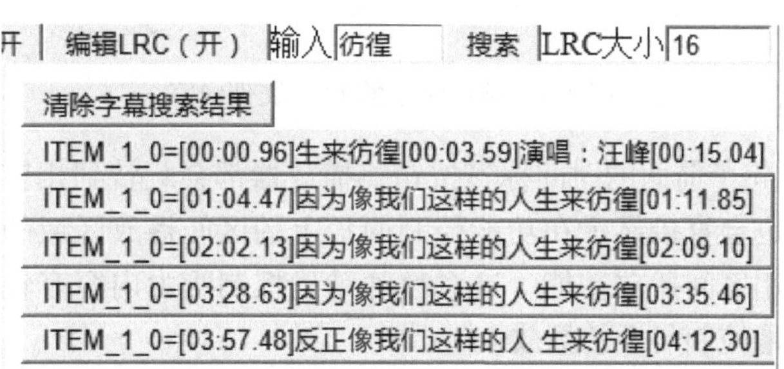

反正像我们这样的人 生来彷徨

图 4-7　LRC 关键词搜索功能

这些功能的使用需要编辑一份合格的 LRC 文件。为使用方便，我们在听力播放模块中直接集成了一个 LRC 文件编辑器，大家只要点击功能控制面板右端的 编辑LRC（开） 按钮，就可以展开 LRC 编辑区域(图 4-8)。

图 4-8 LRC 编辑区域

如果已经有现成的 LRC 文件，并且写入了列表文件，那么直接点击 显示LRC整体 即可显示整个 LRC 文件的内容(图 4-9)。如果没有把 LRC 文件写入列表文件，则可点击 导入LRC 选择文件位置和文件名称，然后导入文件显示在编辑区域。

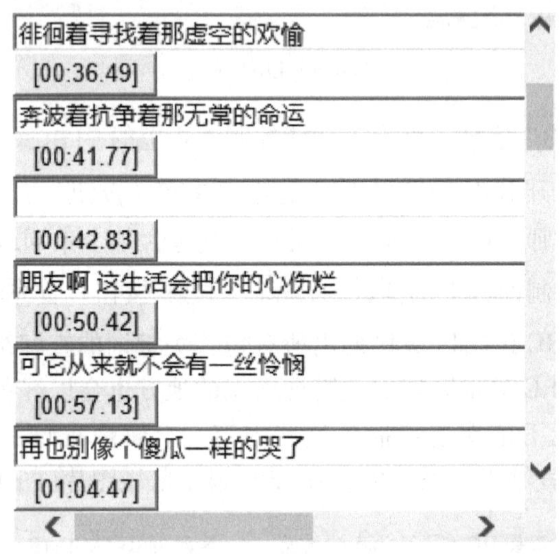

图 4-9 显示完整的 LRC 文件内容

点击任意 LRC 句子前面的时间标签按钮，播放器都会跳转到相应位置进行播放，并且相应的时间信息也会直接显示在功能控制面板上的区间播放区域的文本框内，随时可对所选择的句子调用区间播放功能，这对教师精确控制听力内容有较大的帮助，教学中可以直观地、自由地控制句子的播放。

此外，点击 LRC 文本区域的时间标签按钮，该句的相关信息还会同时显示在 LRC 的句子编辑功能区域(图 4-10)，供大家修改时间起点或内容信息。

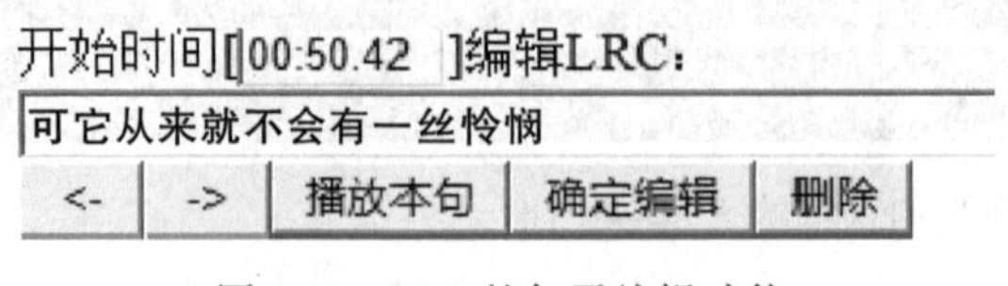

图 4-10 LRC 的句子编辑功能

在音频文件播放的时候，可以直接点击 获取此句LRC 来获取当前播放句子的 LRC 信息，显示在句子编辑功能区域，方便教师进行修改。

如果没有 LRC 文件，则需要创建一个全新的 LRC 文件，可通过听力播放模块进行操作，大家在听到播放器播放到需要增添 LRC 信息的位置时，点击 插入时间分割点 按钮，模块自动截取当前的时间位置为 LRC 句子的起点，并弹出提示信息，提醒教师输入具体的 LRC 文字内容(图 4-11)。

开始时间[00:52.11]编辑LRC：
请在此输入新增LRC……

图 4-11　插入时间分割点

编辑好新的 LRC 文件之后，可以点击 导出保存，将其保存为临时文件，然后再点击 模拟LRC同步，就可测试刚才编辑的 LRC 文件效果，同时 模拟LRC同步 变成 撤销模拟同步。如果测试出现问题，点击这个按钮可将当前音频文件切换回原来的 LRC 文件。

从上面的介绍可以看出，听力播放模块基本覆盖了听力课堂上需要的所有常用功能，页面简洁直观，便于操作。

第五章　英语精读课程多媒体课件设计

一、精读课件的整体布局

精读是一门综合性的课程，内容丰富，覆盖面广，听、说、读、写、译五项基本技能全部包含在内。因此设计精读课件，必须满足该课程的综合性要求。精读课程与前面其他课程课件相通的地方，可以直接借鉴，本章不再单独阐述。本章主要介绍精读课件的特有功能模块，重点突出，效果更好。此次设计的精读课件和其他课程课件在很多方面具有一致性，其整体布局如下，界面如图 5-1 所示。

精读课件布局规划

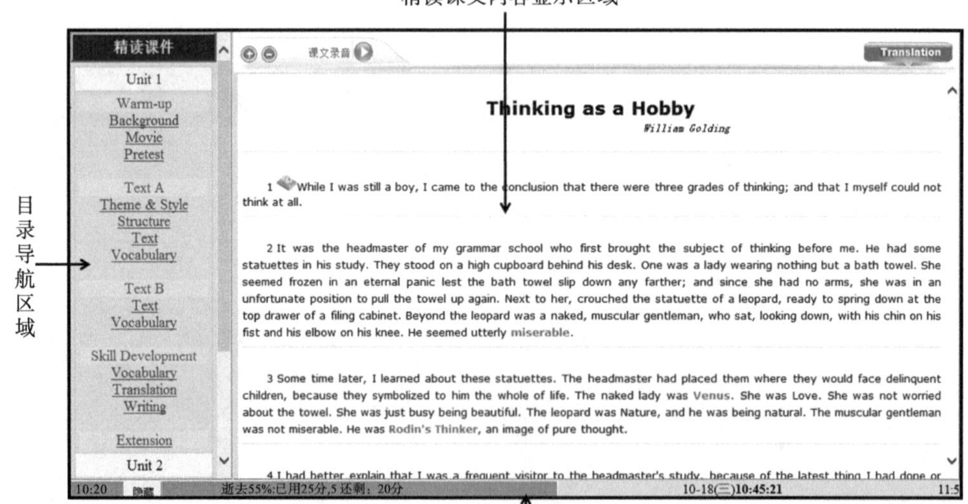

图 5-1　精读课件界面

二、精读课件设计的重点和难点

1. 重点

精读课程要求师生对课文内容进行全面、深入的解读，因此必须围绕课文内容展开一系列的综合性训练，尽量兼顾听、说、读、写、译等基本语言技能。

2. 难点

课件要围绕课文这个中心，把听、说、读、写、译等训练内容有机地串联起来，融合为一个整体。同时，考虑到课件操作人性化的要求，各项功能的设计和使用都力求简单、灵活、高效。

三、精读模块的特色功能和操作方法

由于精读课文需要深度解读，并由点及面地串联起其他众多的相关知识，其内容的广度和深度已经不是单一页面就可以满足的，因此在设计精读课件的课文正文内容时，也采取了 frame 框架式架构。图 5-2 是正文的整个 frame 框架体系。

精读课文内容框架

<table>
<tr><td>功能控制面板</td><td rowspan="3">练习框架</td></tr>
<tr><td>课文正文</td></tr>
<tr><td>课文译文</td></tr>
</table>

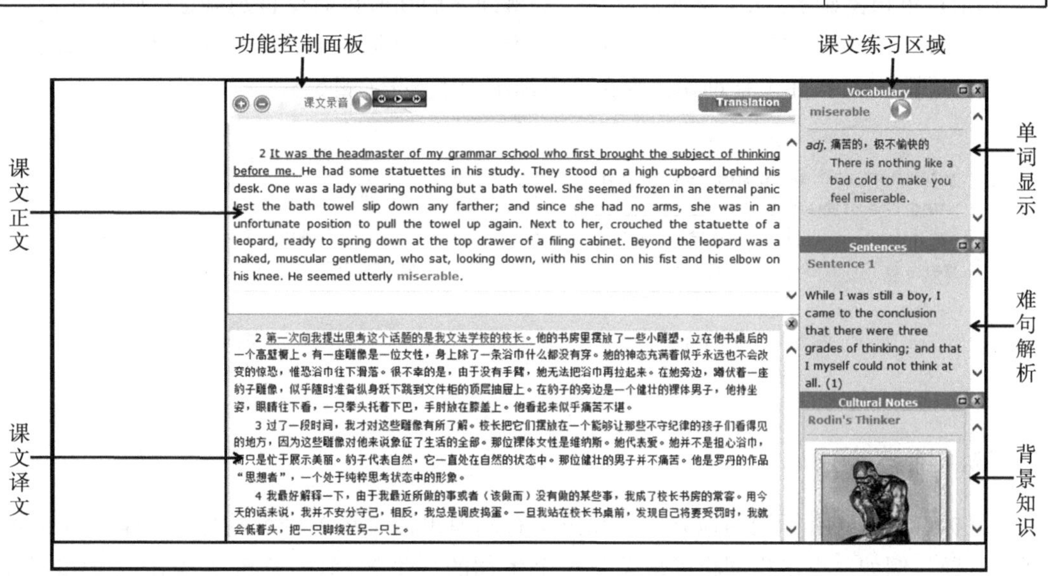

图 5-2 精读课文内容界面

1. 正文区域

课文正文是精读课件的核心区域。默认情况下只显示课文正文内容，这样没有其他内容干扰，界面较为清爽(图 5-3)。

1 While I was still a boy, I came to the conclusion that there were three grades of thinking; and that I myself could not think at all.

2 It was the headmaste 有一座雕像是一位女性，身上除了一条浴巾什么都没有穿。 :t of thinking before me. He had some statuettes in his study. They stood on a high cupboard behind his desk. One was a lady wearing nothing but a bath towel. She seemed frozen in an eternal panic lest the bath towel slip down any farther; and since she had no arms, she was in an unfortunate position to pull the towel up again. Next to her, crouched the statuette of a leopard, ready to spring down at the top drawer of a filing cabinet. Beyond the leopard was a naked, muscular gentleman, who sat, looking down, with his chin on his fist and his elbow on his knee. He seemed utterly **miserable**.

3 Some time later, I learned about these statuettes. The headmaster had placed them where they would face delinquent children, because they symbolized to him the whole of life. The naked lady was **Venus**. She was Love. She was not worried about the towel. She was just busy being beautiful. The leopard was Nature, and he was being natural. The muscular gentleman was not miserable. He was **Rodin's Thinker**, an image of pure thought.

4 I had better explain that I was a frequent visitor to the headmaster's study, because of the latest thing I had done

图 5-3　课文区域的默认界面

下面介绍本次设计中的首要交互功能，如当鼠标指到课文中的语句时，该语句就会显示为深红色，并且语句上方会弹出一个细长的文字框，里面显示的就是本句的译文，方便对照，非常灵活。

除了显示课文的文字内容之外，所有的难句(用图标 表示)、生词和背景知识(均用橙黄色粗体显示)做了鲜明的标注，提醒同学们在阅读时要特别留意这些地方。

例如，把鼠标悬停在这些有标记的内容上方，如果是生词，则会在上方显示简洁的汉语解释(图 5-4)；如果是难句，则在下方提示句子序号(图 5-5)。

y farther; and since she had no arms, she
ched the statuette of a leopard, ready to
a naked, musc *adj.* 痛苦的，极不愉快的
tterly **miserable**

图 5-4　单词解释

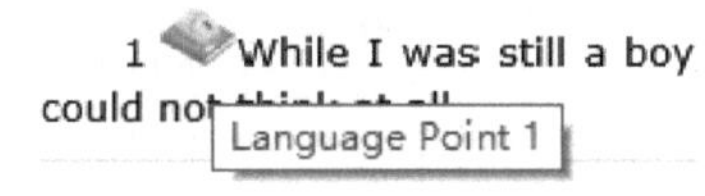

图 5-5　难句序号

2. 练习区域

鼠标点击这些有标记的地方，会在正文右侧弹出课文练习区域的界面并显示相应的详细解释。例如，点击生词将弹出关于这个生词的详细解释(图 5-6)，点击背景知识会弹出相应的背景介绍(图 5-7)，点击难句会出现该句的分析和释义(图 5-8)。

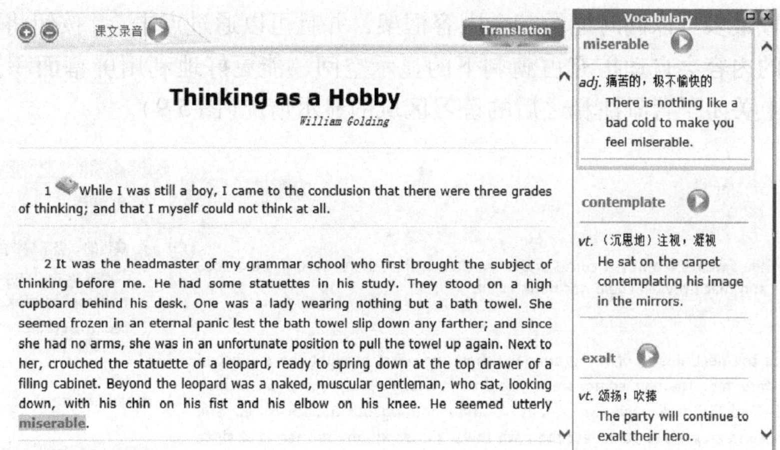

图 5-6　弹出练习区域并突出显示单词详细解释

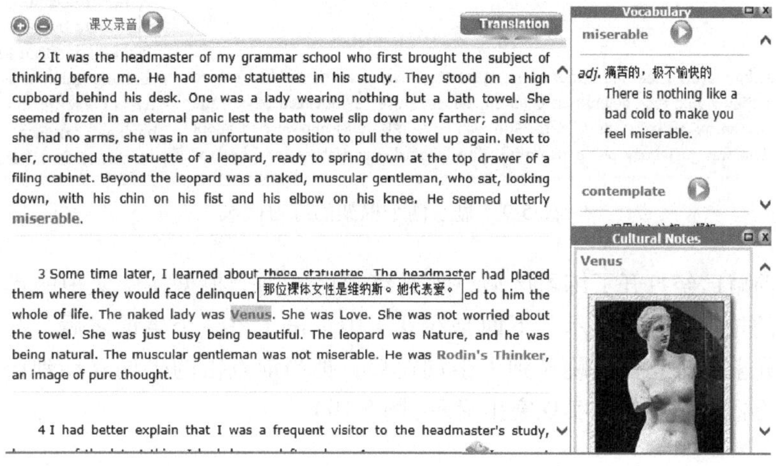

图 5-7　练习区域显示背景知识注释

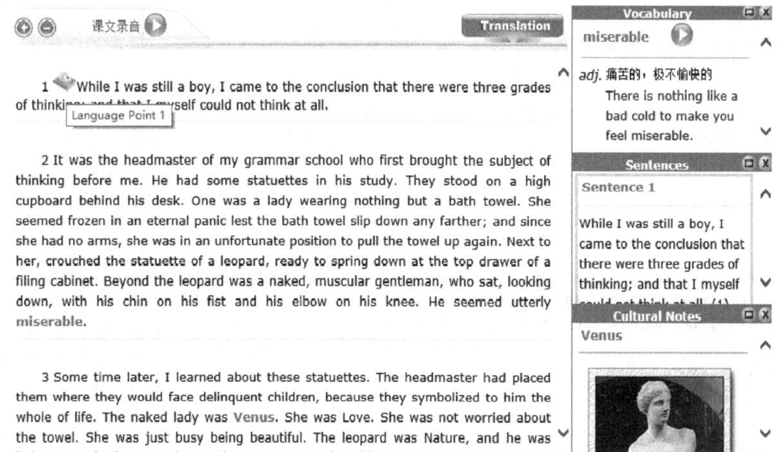

图 5-8　练习区域显示难句解释

练习区域最多可以同时显示三个内容框架，并且可以通过点击 ☒ 按钮将其关闭，关闭之后剩下的内容会自动扩充占满剩下的显示空间，能更好地利用屏幕面积。下面是在前面的基础上关闭了背景注释之后的练习区域的显示情况(图 5-9)。

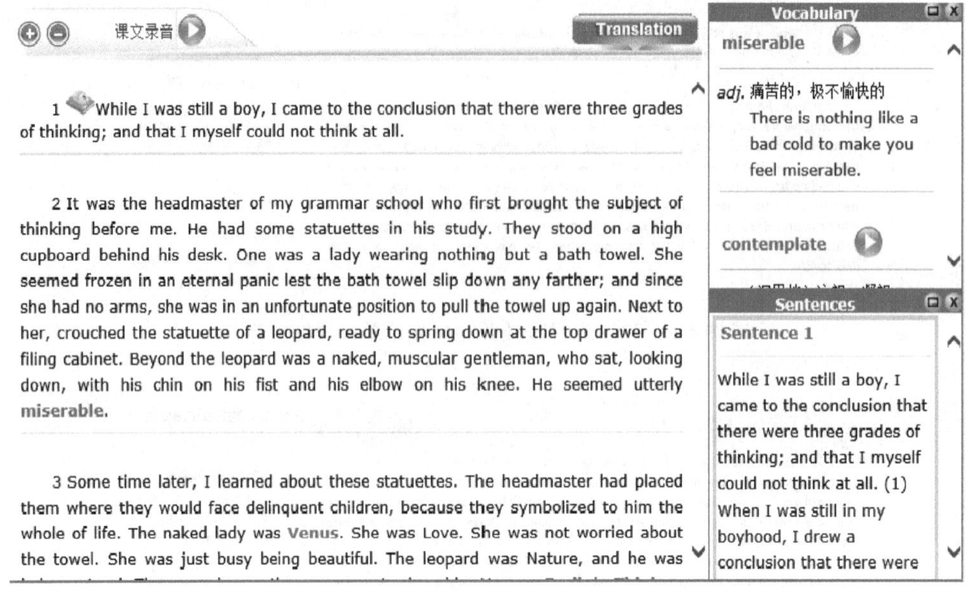

图 5-9　显示两个框架的练习区域

如果先前就已经打开了练习区域，那么练习区域则会根据在课文中的点击内容自动定位到相应的位置并突出显示。下面是在课文中点击了另一个生词之后，突出显示的黄色方框就从先前的难句窗口跳转到了生词窗口，把当前点击的生词移动到窗口的最前端并用黄色的方框将其罩住，实现突出显示(图 5-10)。

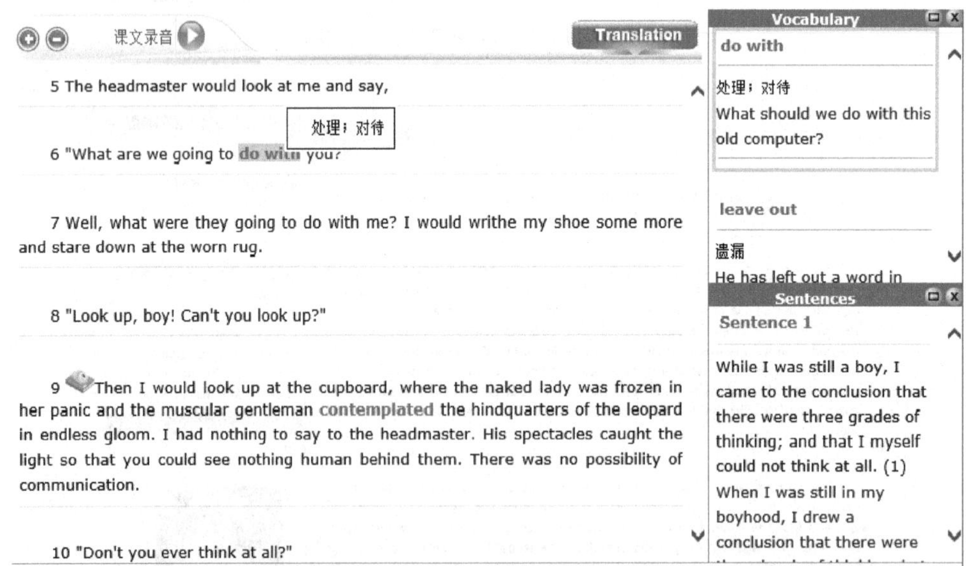

图 5-10　练习区域会根据课文区域的点击情况突出显示

3. 译文区域

点击控制面板右端的 Translation 按钮，课文正文的下方将出现译文框架，以上下两栏的形式和课文正文内容形成对照，便于查阅(图 5-11)。

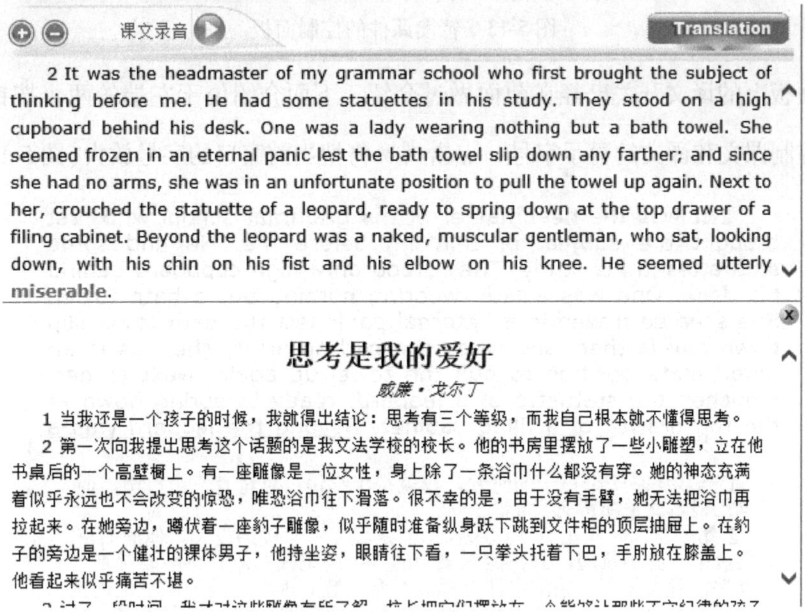

课文录音 Translation

2 It was the headmaster of my grammar school who first brought the subject of thinking before me. He had some statuettes in his study. They stood on a high cupboard behind his desk. One was a lady wearing nothing but a bath towel. She seemed frozen in an eternal panic lest the bath towel slip down any farther; and since she had no arms, she was in an unfortunate position to pull the towel up again. Next to her, crouched the statuette of a leopard, ready to spring down at the top drawer of a filing cabinet. Beyond the leopard was a naked, muscular gentleman, who sat, looking down, with his chin on his fist and his elbow on his knee. He seemed utterly miserable.

思考是我的爱好

威廉·戈尔丁

1 当我还是一个孩子的时候，我就得出结论：思考有三个等级，而我自己根本就不懂得思考。

2 第一次向我提出思考这个话题的是我文法学校的校长。他的书房里摆放了一些小雕塑，立在他书桌后的一个高壁橱上。有一座雕像是一位女性，身上除了一条浴巾什么都没有穿。她的神态充满着似乎永远也不会改变的惊恐，唯恐浴巾往下滑落。很不幸的是，由于没有手臂，她无法把浴巾再拉起来。在她旁边，蹲伏着一座豹子雕像，似乎随时准备纵身跃下跳到文件柜的顶层抽屉上。在豹子的旁边是一个健壮的裸体男子，他持坐姿，眼睛往下看，一只拳头托着下巴，手肘放在膝盖上。他看起来似乎痛苦不堪。

图 5-11　弹出译文框架

点击译文窗口右上角的 x 按钮，将译文区域关闭，页面会只显示课文正文内容。

译文窗口的语句会在鼠标悬停的时候显示深红色，与之对应的原文窗口相应语句也显示深红色，方便查阅原文和译文之间句与句的匹配情况(图 5-12)。

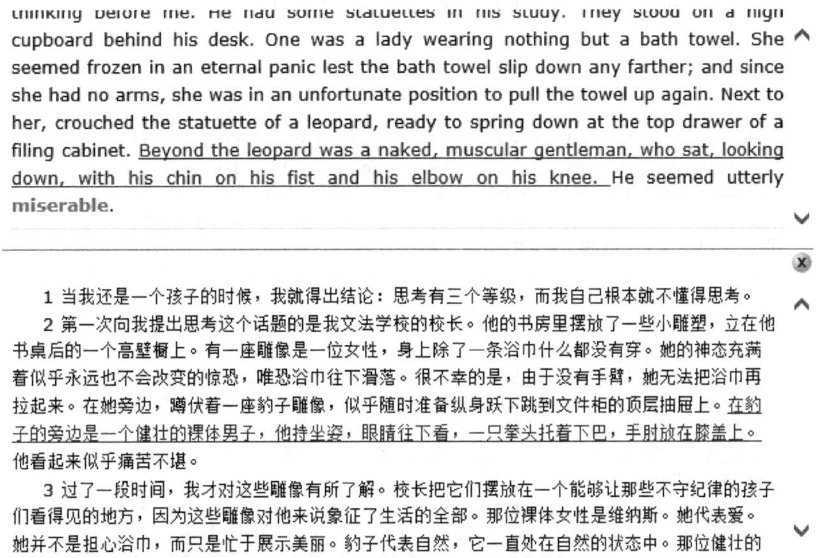

thinking before me. He had some statuettes in his study. They stood on a high cupboard behind his desk. One was a lady wearing nothing but a bath towel. She seemed frozen in an eternal panic lest the bath towel slip down any farther; and since she had no arms, she was in an unfortunate position to pull the towel up again. Next to her, crouched the statuette of a leopard, ready to spring down at the top drawer of a filing cabinet. Beyond the leopard was a naked, muscular gentleman, who sat, looking down, with his chin on his fist and his elbow on his knee. He seemed utterly miserable.

1 当我还是一个孩子的时候，我就得出结论：思考有三个等级，而我自己根本就不懂得思考。

2 第一次向我提出思考这个话题的是我文法学校的校长。他的书房里摆放了一些小雕塑，立在他书桌后的一个高壁橱上。有一座雕像是一位女性，身上除了一条浴巾什么都没有穿。她的神态充满着似乎永远也不会改变的惊恐，唯恐浴巾往下滑落。很不幸的是，由于没有手臂，她无法把浴巾再拉起来。在她旁边，蹲伏着一座豹子雕像，似乎随时准备纵身跃下跳到文件柜的顶层抽屉上。在豹子的旁边是一个健壮的裸体男子，他持坐姿，眼睛往下看，一只拳头托着下巴，手肘放在膝盖上。他看起来似乎痛苦不堪。

3 过了一段时间，我才对这些雕像有所了解。校长把它们摆放在一个能够让那些不守纪律的孩子们看得见的地方，因为这些雕像对他来说象征了生活的全部。那位裸体女性是维纳斯。她代表爱。她并不是担心浴巾，而只是忙于展示美丽。豹子代表自然，它一直处在自然的状态中。那位健壮的

图 5-12　译文与原文的句级对应关系

4. 控制区域

下面介绍课件顶端的控制区域，也是课件功能的控制面板(图 5-13)。

图 5-13　精读课件的控制面板

控制面板上的译文开关已经在前面做过介绍，下面介绍位于左端的两个按钮，其功能是控制课文和译文的显示字号，点击将把当前窗口的字号放大(图 5-14)。

2 It was the headmaster of my grammar school who first brought the subject of thinking before me. He had some statuettes in his study. They stood on a high cupboard behind his desk. One was a lady wearing nothing but a bath towel. She seemed frozen in an eternal panic lest the bath towel slip down any farther; and since she had no arms, she was in an unfortunate position to pull the towel up again. Next to her, crouched the statuette of a leopard, ready to spring down at the top drawer of a filing cabinet. Beyond the leopard was a

1 当我还是一个孩子的时候，我就得出结论：思考有三个等级，而我自己根本就不懂得思考。

2 第一次向我提出思考这个话题的是我文法学校的校长。他的书房里摆放了一些小雕塑，立在他书桌后的一个高壁橱上。有一座雕像是一位女性，身上除了一条浴巾什么都没有穿。她的神态充满着似乎永远也不会改变的惊恐，唯恐浴巾往下滑落。很不幸的是，由于没有手臂，她无法把浴巾再拉起来。在她旁边，蹲伏着一座豹子雕像，似乎随时准备纵身跃下跳到文件柜的顶层抽屉上。在豹子的旁边是一个健壮的裸体男子，他持坐姿，眼睛往下看，一只拳头托着下巴，手肘放在膝盖上。他看起来似乎痛苦不堪。

图 5-14　放大字号

反之，点击则把当前窗口的字号缩小(图 5-15)。

2 It was the headmaster of my grammar school who first brought the subject of thinking before me. He had some statuettes in his study. They stood on a high cupboard behind his desk. One was a lady wearing nothing but a bath towel. She seemed frozen in an eternal panic lest the bath towel slip down any farther; and since she had no arms, she was in an unfortunate position to pull the towel up again. Next to her, crouched the statuette of a leopard, ready to spring down at the top drawer of a filing cabinet. Beyond the leopard was a naked, muscular gentleman, who sat, looking down, with his chin on his fist and his elbow on his knee. He seemed utterly

1 当我还是一个孩子的时候，我就得出结论：思考有三个等级，而我自己根本就不懂得思考。

2 第一次向我提出思考这个话题的是我文法学校的校长。他的书房里摆放了一些小雕塑，立在他书桌后的一个高壁橱上。有一座雕像是一位女性，身上除了一条浴巾什么都没有穿。她的神态充满着似乎永远也不会改变的惊恐，唯恐浴巾往下滑落。很不幸的是，由于没有手臂，她无法把浴巾再拉起来。在她旁边，蹲伏着一座豹子雕像，似乎随时准备纵身跃下跳到文件柜的顶层抽屉上。在豹子的旁边是一个健壮的裸体男子，他持坐姿，眼睛往下看，一只拳头托着下巴，手肘放在膝盖上。他看起来似乎痛苦不堪。

3 过了一段时间，我才对这些雕像有所了解。校长把它们摆放在一个能够让那些不守纪律的孩子们看得见的地方，因为这些雕像对他来说象征了生活的全部。那位裸体女性是维纳斯。她代表爱。她并不是担心浴巾，而只是忙于展示美丽。豹子代表自然，它一直处在自然的状态中。那位健壮的

图 5-15　缩小字号

控制面板上的 课文录音 是控制课文音频播放的开关。点击之后该图标会变成 课文录音，课文将开始播放录音文件，同时开关按钮后面会增加几个其他的播放功能按钮，分别表示“后退 4 秒”、“播放/暂停” 和 “前进 4 秒”，便于教师对课文录音实现便捷的控制操作。

在精读课件中，对音频录音和课文文字内容已进行同步处理，在播放录音的时候，课文内容会自动把当前播放的句子加上下划线突出显示，并且由于课文正文和译文之间具有句级对应关系，因此在译文窗口会看到对应的译文也会加上下划线，并变为蓝色（图 5-16）。

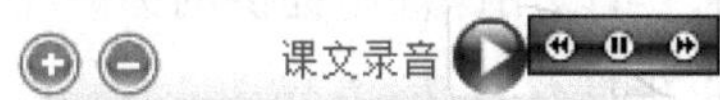

图 5-16　录音与文字同步

因录音和文字之间存在同步关系，点击原文或译文任意句子时，播放器都会自动跳转到对应位置进行播放，播放完该句之后自动暂停。

四、精读课件内容的修改方法

了解精读课件的主要功能和操作方法后，下面介绍课件内容的具体修改方法。

由于精读课件内容繁多，需先统一课件内容文件的命名。将内容文件分别放在三个文件夹下面，其中，课文内容和译文放在“text” 文件夹里面，课文练习放在“skill” 文件夹里面，扩展阅读放在“extension” 文件夹里面。

1. 修改课文内容

课文内容整体结构采取的是 frame 框架，存放在“text”文件夹里面，命名格式为“U(第几单元的两位阿拉伯数值)T(课文 A 还是 B 的大写字母) - text-main. htm”，如第一单元的 text A 就应命名为：“U01TA-text-main. htm”，第一单元的 text B 就应命名为：“U01TB-text-main. htm”，其他单元以此类推。

(1)课文正文

课件在载入课文整体结构后，会在里面嵌入更具体的一个课文内容框架，命名格式为“Unit(第几单元的两位阿拉伯数值) - (课文 A 还是 B 的大写字母) - tx-frame. htm”，如第一单元 text A 就应命名为“Unit01-A-tx-frame. htm”。

(注意：上面这个框架位置和大小比例是固定了的，可以用课件中提供的另一个框架文件“Unit01-A-tx-frame. htm”，通过鼠标拖拽改变各部分的大小。)

Unit01-A-tx-frame. htm 的框架分两层，其中上面是关于课件功能控制面板的网页，即“UNIT01-A-tx-head. htm”；下面是关于课文文字内容的网页，即“UNIT01-A-tx. htm”。

这时最关键的是修改文件“UNIT01-A-tx. htm”的具体内容。

该网页中主要以数组的形式提供关于精读课文的原文、译文和录音文件的时间信息之间的对应信息，它们分别是 textlist 数组，存储课文原文的句级信息；ctextlist 数组，提供中文译文的句级信息；timelist 数组，提供每个句子对应的录音文件的起始位置。最后，指明声音文件位置，如 au = “sounds/text401A. mp3”，根据自己的实际情况，修改一些其他的细节问题，课件内容文件就可以使用了。

(2)练习内容

精读课件的练习区域是加载框架“Unit01-A-rf. htm”，该框架再分别加载单词文件“UNIT01-A-rf-w. htm”、难句文件“UNIT01-A-rf-l. htm”和背景知识注释文件“UNIT01-A-rf-c. htm”。

其中，“UNIT01-A-rf-w. htm”会加载具体的单词内容文件“Unit01-A-lw. htm”，该文件提供显示单词的文字内容。同时，该文件提供关于单词录音的时间信息，也是采取数组的形式(timelist)，需要我们根据实际情况填写每个单词对应的数组数值。

其他两个文件也是类似的处理方式。

2. 其他特色功能和修改方式

精读课件中每单元其他内容基本属于静态内容，修改较为简单，只需要打开相应的文件，根据实际情况酌情修改即可。但由于其中的 pretest 文件是单项选择题，涉及对提交答案的正误判断和分析反馈功能(图 5-17)，所以有必要在此说明一下修改方法。

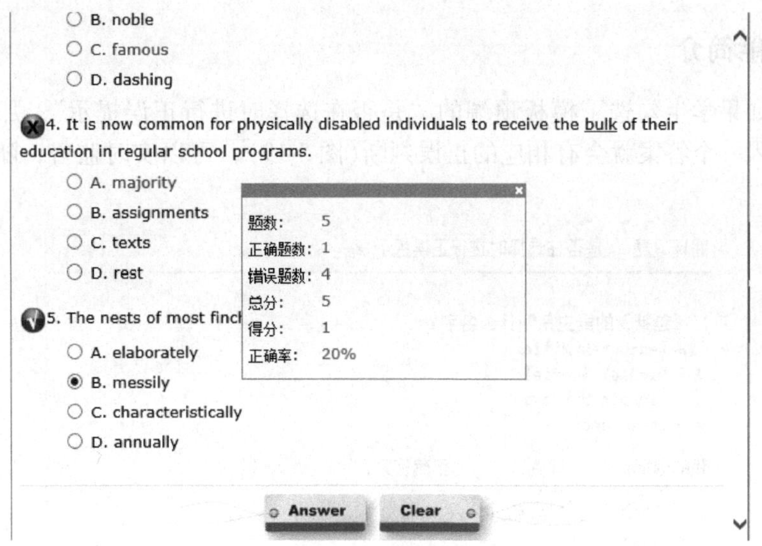

图 5-17　pretest 中的选择判断

每个选择题前面有一个单选按钮，代码为 <input type = radio name = “” value = “” > 格式，要注意同一道题的单选按钮的 name 属性应写成相同的名字，如果是正确的答案，就在“radio”的最末尾处加上选中代码“checked = true”，即 <input type = radio name = “” value = “” checked = true >。判断正误和反馈信息的功能已封装为模块，不必再修改其他代码，只要用这种方式把选择题内容和正确答案写进网页就可以了。

五、选择题增强模板

由于选择题较为简单常用，软件再提供另一种功能更为强大的选择题模板，学生可以自主地追加试题和重新生成试题，教师可在线编辑题库(图 5-18)。

图 5-18　选择题模板做题界面

1. 功能简介

做题时如果学生勾选了模板顶端的“是否在选择时进行正误提示”，那么在做题过程中，每输入一个答案就会有相应的正误判断(图 5-19)，可以实时监督，随时发现存在的问题。

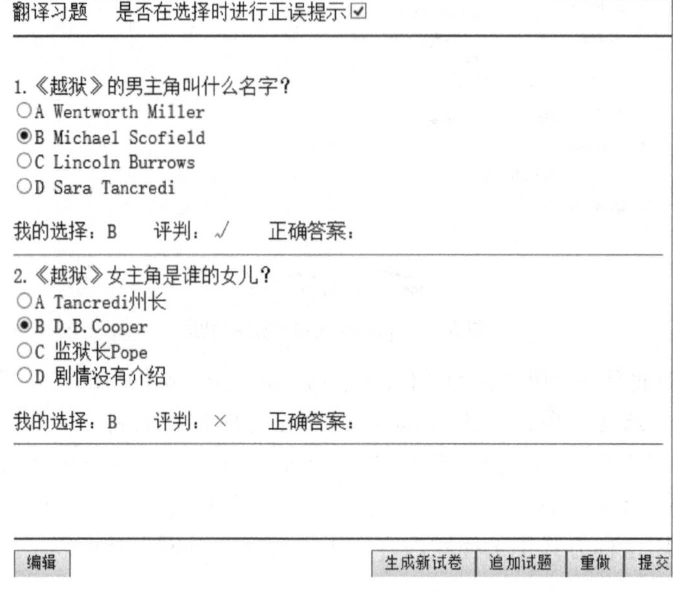

图 5-19 实时正误提示

学生也可以选择将其关闭(通过鼠标单击，取消勾选标志)，等所有题目做完之后再进行正误评判(图 5-20)，在整个做题过程中都不会有其他信息的干扰，有利于专心答题。

图 5-20 做题无提示

等所有题目回答完毕，学生只要点击页面底端最右侧的提交按钮，就会弹出反馈窗口，显示本次做题情况的统计数据(图 5-21)，包括正误数量、分数比例、正确答案等，学生的做题情况一目了然。

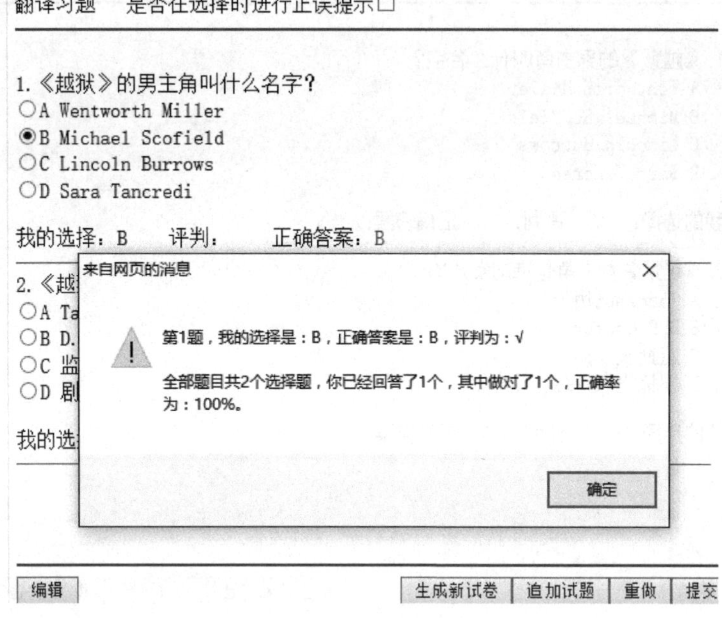

图 5-21 提交之后的窗口反馈

即使用户关闭了提示窗口(点击窗口底部的“确定”按钮)，也可以很方便地在试卷页面对应位置看到评判情况(图 5-22)。

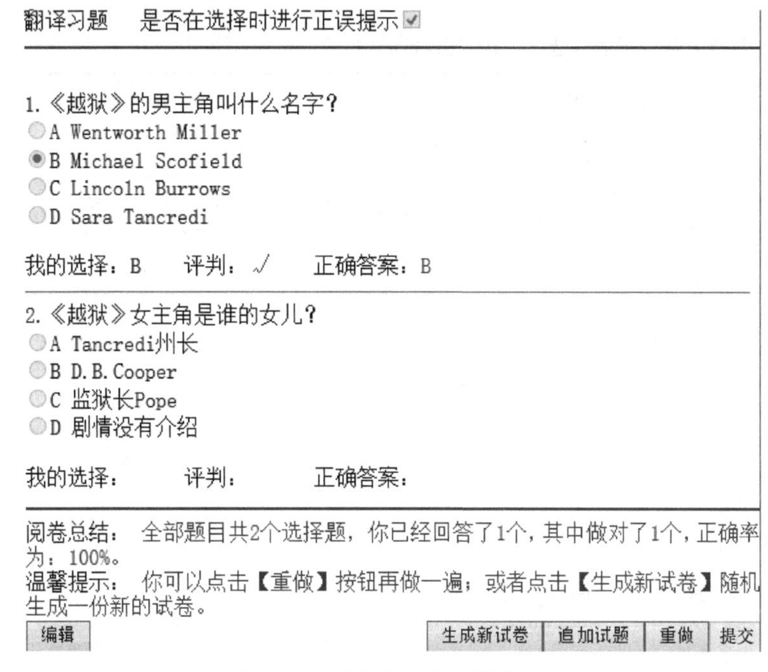

图 5-22 确定之后的总结分析

如果学生觉得目前做题的效果不太理想，可以点击页面底部的 重做 按钮，相当于清除当前记录，重新挑战题目(图 5-23)。

翻译习题　是否在选择时进行正误提示□

1.《越狱》的男主角叫什么名字？
○A Wentworth Miller
○B Michael Scofield
○C Lincoln Burrows
○D Sara Tancredi

我的选择：　评判：　正确答案：

2.《越狱》女主角是谁的女儿？
○A Tancredi州长
○B D.B.Cooper
○C 监狱长Pope
○D 剧情没有介绍

我的选择：　评判：　正确答案：

编辑　生成新试卷　追加试题　重做　提交

图 5-23　重做之后的试题界面

如果要在当前基础上继续做题，可以点击页面底部的 追加试题 按钮，模板会在现有题目的末尾自动追加 3 条新的选择题(图 5-24)。

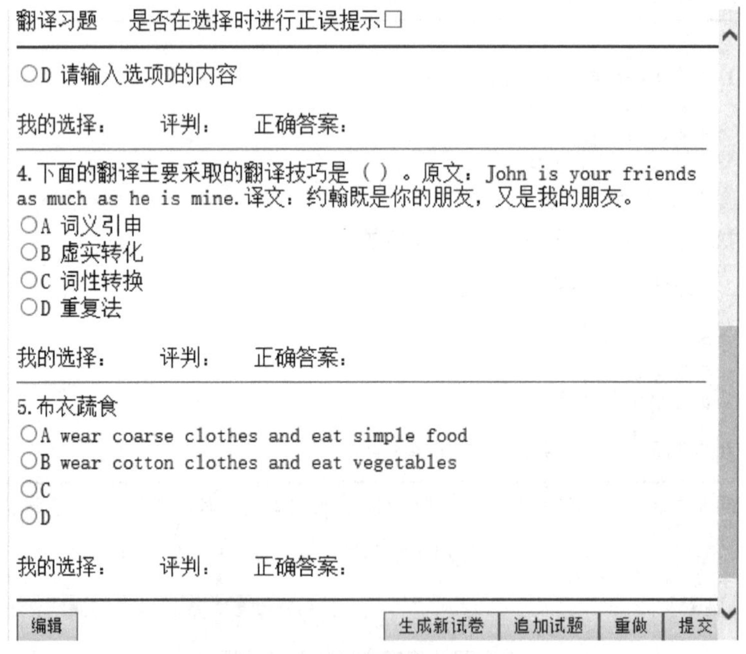

图 5-24　追加之后的试题界面

如果希望指定追加数量的试题，则只能通过点击页面底部最左端的 编辑 按钮，在编辑界面(图 5-25)中找到“导入数量”并输入想要的数值。最后，点击 导出 按钮，模板就会按设置的数值在当前试题页面尾部追加相应的选择题目。

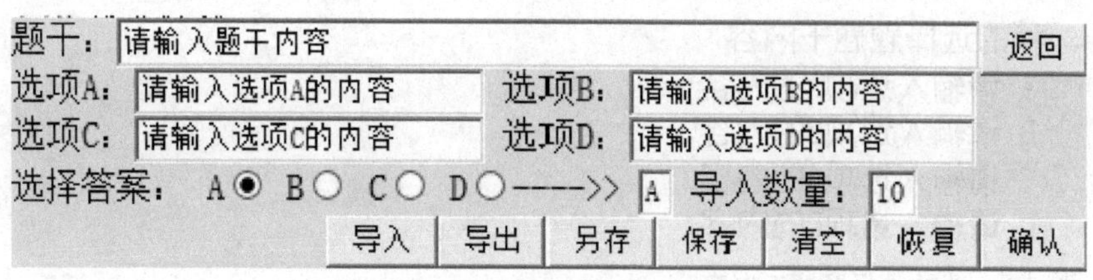

图 5-25　选择题编辑界面

此外，还可点击模板底部的 生成新试卷 按钮，随机显示一张全新的试卷(图 5-26)，默认情况下，其中包括 10 道选择题目。新试卷中的选择题数量是可以根据用户的设置而改变的，其方法也是打开编辑界面，找到“导入数量”后面的文本框，在里面输入想要的数值。

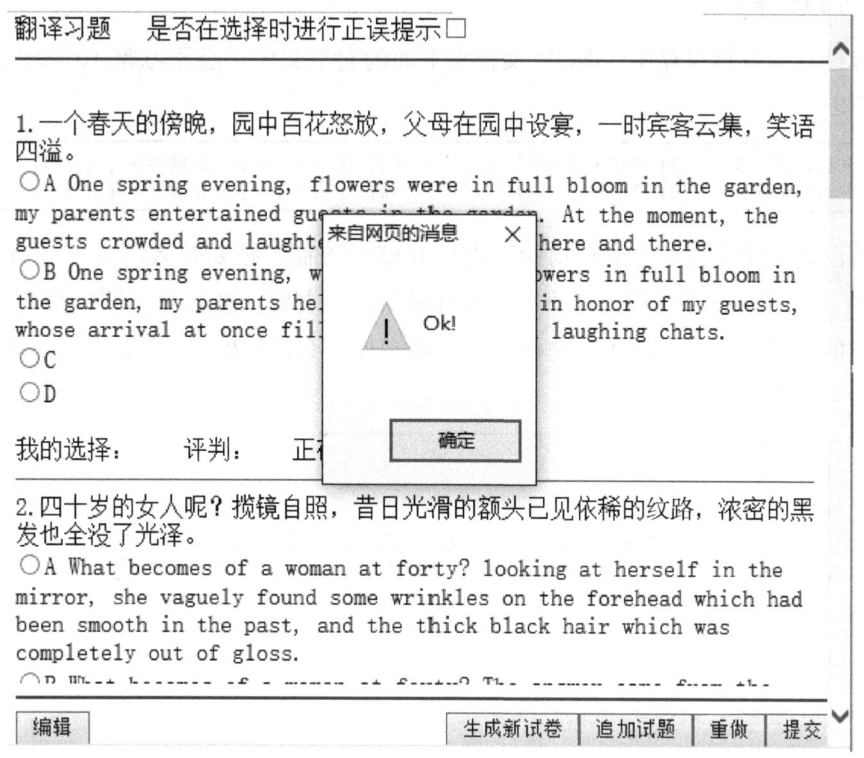

图 5-26　生成新试卷

选择题模板功能是事先设置好一个题库内容，再通过随机显示题目。这个模板的灵活之处在于，用户随时都可在模板的编辑界面中设计新的选择题目，并把这个新的选择题目加入当前的试卷页面。其操作过程很简单，用户只需要先分别在“题干”“选项 A”

“选项 B”“选项 C”“选项 D”的对应位置输入选择题目信息，然后在“选择答案”位置选择正确的答案，最后点击编辑界面底部最右端的 确认 按钮即可。

下图中的选择题目 3 就是通过编辑界面临时加进试卷页面中的(图 5-27)。

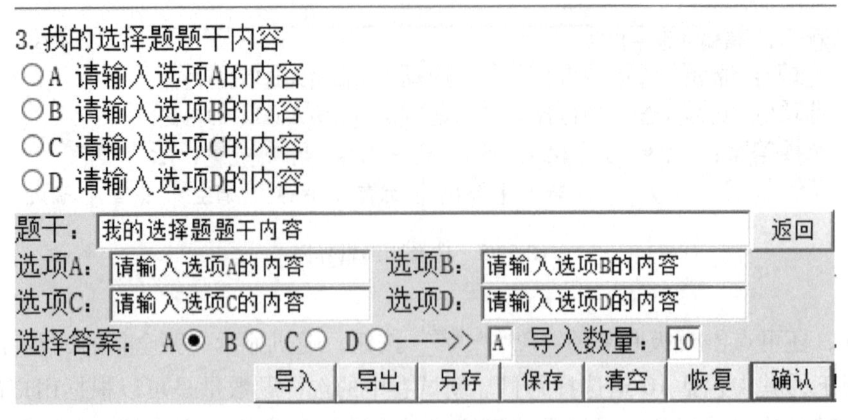

图 5-27　编辑新的选择题目

2. 内容维护

选择题目的资料保存在“data”文件夹下面的文本文件“翻译习题. txt”中，其书写规则如下。

```
题干一【分隔】选项 A【分隔】选项 B【分隔】选项 C【分隔】选项 D【分隔】正确答案【大分割】
题干二【分隔】选项 A【分隔】选项 B【分隔】选项 C【分隔】选项 D【分隔】正确答案【大分割】……
```

另可以直接使用模板的编辑功能。先打开编辑界面，把要输入的选择题目编辑好，点击 确认 按钮加入当前的试卷页面，检查显示无误之后，再点击 导出 按钮，这时当前页面中的选择题目内容已经自动存入了系统剪贴板(图 5-28)，只要打开“翻译习题. txt”文件，选择粘贴内容即可。

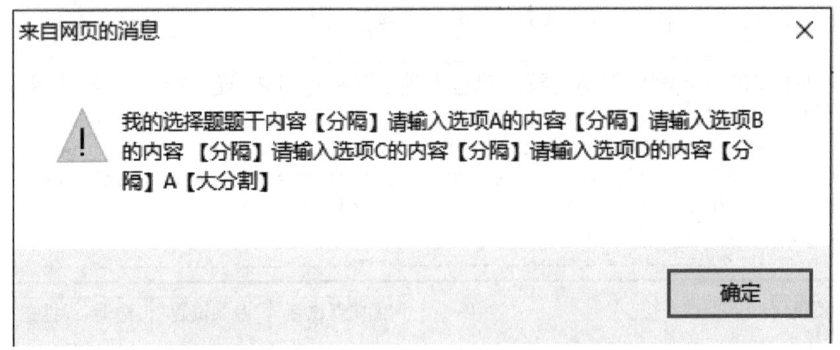

图 5-28　“导出”的选择题目内容

此外，编辑界面还对当前试卷的内容提供了“保存”和“另存”两个功能，其目的是把当前的试卷内容以单独的文件保存下来，“保存”是把文件直接保存在当前路径，而“另存”则可重新命名(图 5-29)。

Explorer 用户提示 ×

脚本提示:

请为试卷命名：

确定

取消

图 5-29　把当前试卷内容“另存为”其他文件

有了这样一个功能全面的选择题模板，即使是平时对课件技术没有研究的外语教师，也可轻松地设计出一套属于自己的选择题网页试卷，同时还有简单灵活的交互手段和可靠全面的反馈评价。

第六章 寓教于乐——课件中的游戏内容

如果教师能够寓教于乐，灵活使用外语课件，将会给课堂教学增色不少。下面是我们设计的一个背单词的课件辅助游戏(图 6-1)。

【统计】共答0次，用时0秒；【答对】0个单词，速度0秒/词，成绩0分。

1	2	3	4
flower	land	church	dog

间隔 10 秒 还剩 0 秒　土地　开始　重启　错题　帮助

图 6-1 “背单词”游戏界面

一、功能简介

游戏底部左端可以设置背单词的时间间隔，默认间隔为 10 秒。

设置好间隔时间之后，点击游戏底部右端的 开始 按钮(此时按钮变为 暂停)，一轮单词就会在页面顶端显示出来，页面底部中间位置会显示其中一个单词的汉语意思。然后这些单词不断地往页面底部下降。在这一过程中，如果用户鼠标指向某个单词所在区域，该区域就会变色显示，表明用户当前选择的是该单词，这时只要单击鼠标左键就表明确认了自己的选择。

在这轮单词降落的过程中，如果某个单词被用户点击，或者用户没有点击任何单词，但设置的显示时间已到，这些单词就会降落到页面的底部，从屏幕上完全消失，并显示新一轮单词。如此周而复始，直到所有单词显示完毕(图6-2)。

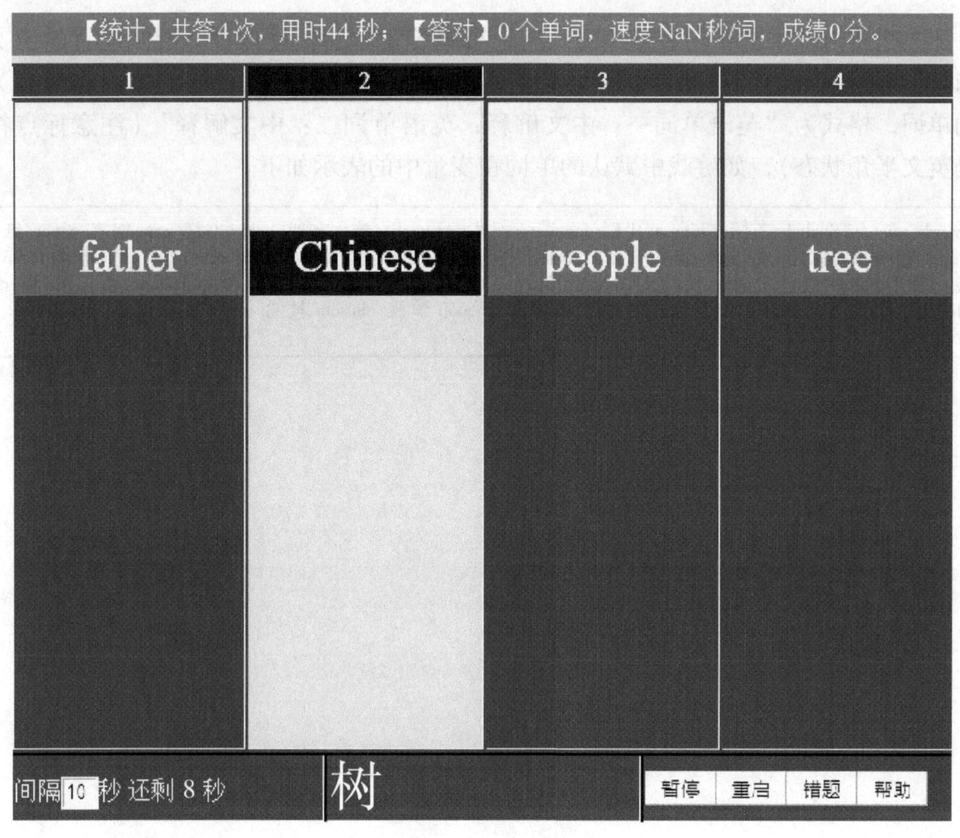

图6-2　游戏进行中

如果用户点击了正确的单词，那页面顶部会显示相应的反馈信息(图6-3)，用户据此可以对自己背单词的整体情况有一个明确的认识。

【统计】共答16次，用时74秒；【答对】11个单词，速度6秒/词，成绩68分。

图6-3　背单词的反馈信息

在游戏进行过程中，用户点击 暂停 按钮，则可中止正在进行的游戏。此时 暂停 变成 开始 ，只要对它再次点击，又会继续刚才的背单词游戏。

此外，背单词游戏中专门对用户背错的单词提供了针对性练习和改正的机会。用户如果点击 错题 按钮(此时按钮变为 正题)，游戏会自动把先前所有背错的单词按游戏规则重新显示出来。改错功能设计非常人性化，这样的改错机会，可以大大加深用户对这些单词的印象。

在改错过程中，用户只需要点击一下 正题 按钮就可以很方便地从改错功能返回先前正常的背单词状态。

二、内容维护

那怎么将游戏中的单词替换掉呢？用记事本等文本编辑软件打开游戏网页的源文件（单词游戏模板.htm），找到其中的文本变量“words_list”，将其中的具体内容替换为自己的单词，格式为“英语单词一：中文解释；英语单词二：中文解释”（注意标点符号都是英文半角状态），如游戏中默认的单词在变量中的表示如下。

```
var words_ list = "English: 英国; Chinese: 中国; Japanese: 日本; Australia: 澳大利亚; book: 书籍; pen: 钢笔; paper: 纸张; pencil: 铅笔; ink: 墨水; brush: 毛笔; picture: 图画; desk: 课桌; computer: 电脑; apple: 苹果; water: 水; earth: 地球; moon: 月亮; sun: 太阳; father: 爸爸; mother: 妈妈; brother: 兄弟; cousin: 堂兄; sister: 姐妹; teacher: 教师; friend: 朋友; cat: 猫; dog: 狗; fish: 鱼; horse: 马; people: 人们; land: 土地; star: 星星; school: 学校; church: 教堂; math: 数学; class: 班级; tree: 树; flower: 花";
```

可以根据上述书写规则替换内容。

第七章　多媒体课件辅助工具

现在多数高校多媒体教室的硬件装备为“台式电脑＋投影仪”，因此本章介绍的多媒体课件辅助工具主要针对这种硬件环境。

一、演示者视图

“台式电脑＋投影仪”构成的多媒体教室的工作原理就是利用电脑系统的双屏显示技术，把教师机(控制台电脑主机)屏幕上显示的所有内容，通过显卡的复制和投影仪的投射放大，显示在投影幕布上供学生观看。

由于使用了双屏显示技术，PPT 课件便具有一项优势：演示者视图，它可以实现对课件呈现方式的自由控制，如自由地在多张幻灯片中浏览、定位和跳转，对同一张幻灯片的局部内容放大显示，查看当前幻灯片的演讲备注文稿以及下一动作的显示内容等。总结演示者视图最大的优势就是它可以让教师在学生不知情的情况下对电脑进行其他操作，给教师授课提供了极大的信息优势，使教师可以一边给学生演示课件内容，一边调取各种对上课有用的资料。

本次基于网页而设计的多媒体课件，可不可以实现类似 PPT 课件的“演示者视图”功能呢?

答案是肯定的，但前提是借助第三方软件。

我们经过大量实践，筛选出了一个可以实现“演示者视图”功能的第三方软件，就是“UltraMon”。

UltraMon 本身就是专业的多屏管理软件，其中的镜像功能，不但可以将电脑屏幕的内容复制到投影仪，还可复制指定程序的显示内容，或者屏幕指定范围内的显示内容，并且显示的时候还可根据实际情况按比例缩放，让复制的内容填满整个投影幕布。

下面简要介绍一下如何在软件的帮助下实现这些双屏显示功能。

最简单的操作是在系统托盘上的 UltraMon 程序图标 上单击右键，调出右键菜单(图 7-1)。

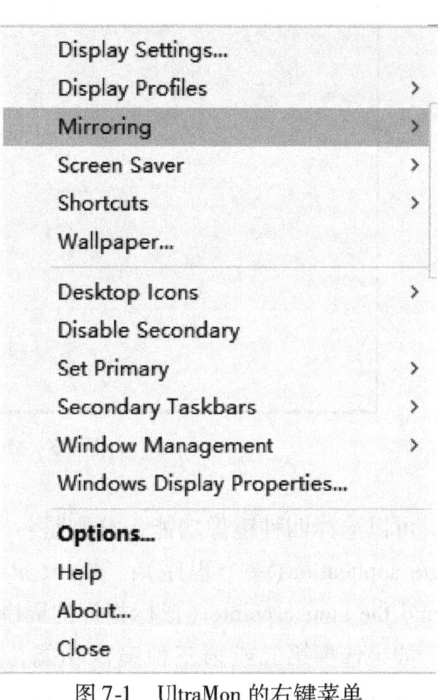

图 7-1　UltraMon 的右键菜单

然后选择“Settings(设置)”(图7-2)。

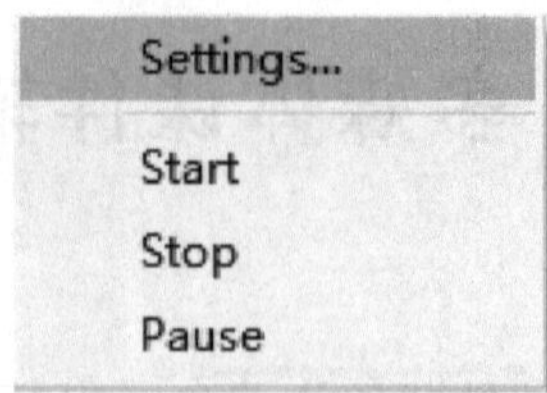

图7-2 设置菜单

接下来弹出的窗口是关于“Mirroring(镜像)”的对话框(图7-3)。

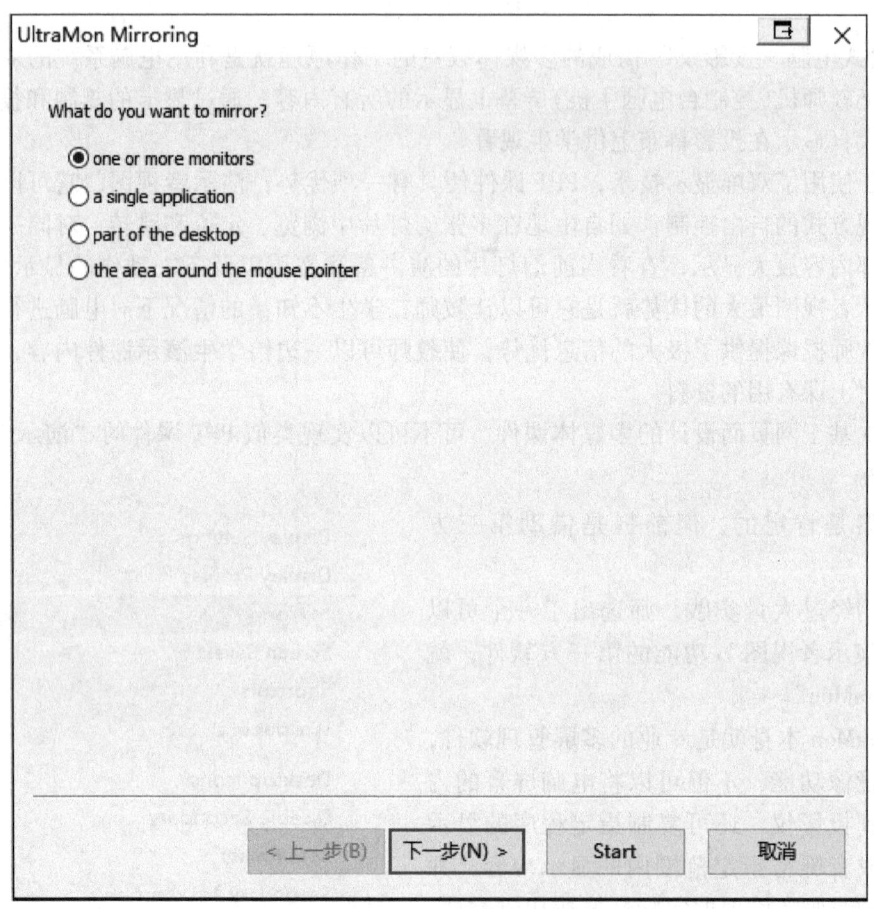

图7-3 Mirroring(镜像)对话框

可以选择四种镜像功能，分别是：①one or more monitors(一个或多个显示器)；②a single application(一个程序)；③part of the desktop(当前桌面的部分内容)；④the area around the mouse pointer(鼠标指针的周围区域)。

如果选择第二或第三种镜像功能，则还需要进一步设置。例如，选择复制 a single application(一个程序)时，会弹出下面的窗口(图7-4)。

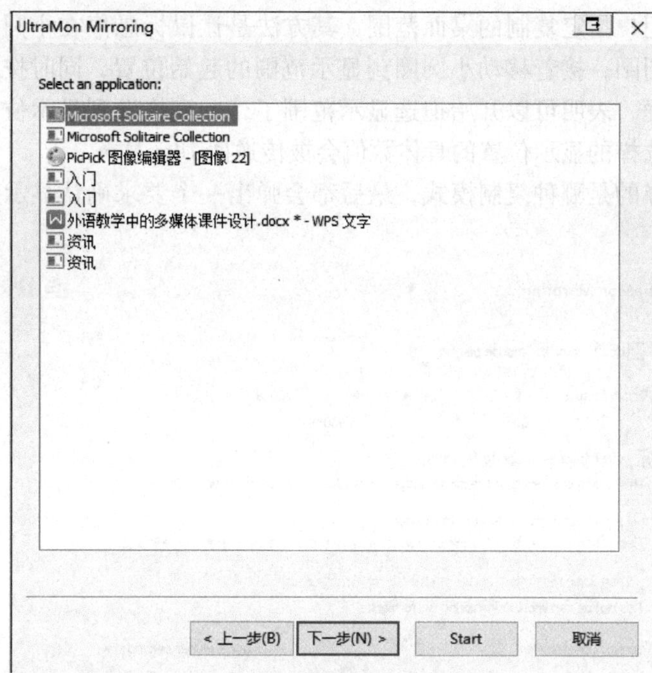

图 7-4　选择程序窗口

这个窗口列出了当前打开的所有程序，用户只需要在要复制的程序上点击一下，就可选定要复制的程序内容了。

但是，如果选择的是复制 part of the desktop（当前桌面的部分内容），那弹出的则是下面这样的窗口（图 7-5）。

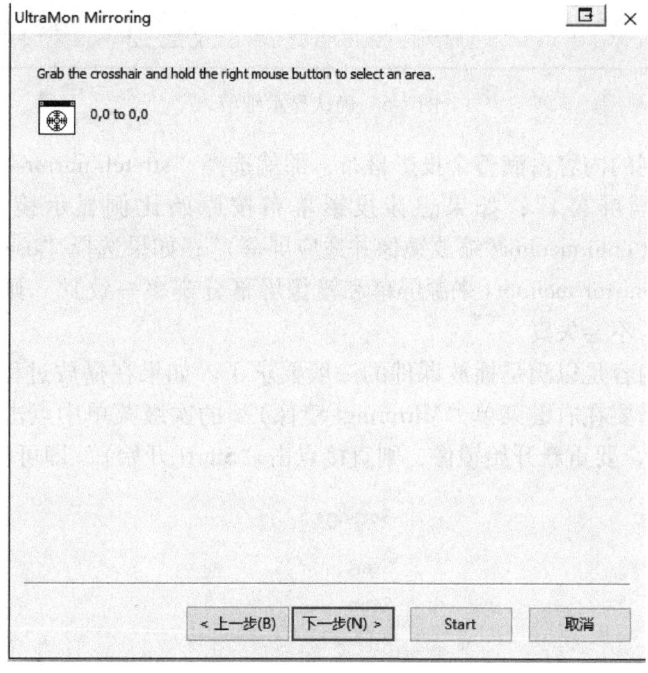

图 7-5　拖选显示范围

窗口会要求用户指定复制的桌面范围，其方法是让鼠标悬停在小圆圈上，然后按下鼠标左键拖住小圆圈，接着移动小圆圈到显示范围的起始位置，同时按下鼠标右键，屏幕上出现黑色边框，表明可以开始拖选显示范围了，一直拖选到显示位置的终止位置再松开鼠标右键，选择的显示位置的具体数值会被传送回 UltraMon。

不管我们选择的是哪种复制模式，最后都会弹出一个要求确认显示细节的对话窗口(图 7-6)。

UltraMon Mirroring

☐ don't mirror the mouse pointer

Zoom factor: 100%

100% 400%

☐ stretch mirror image to fill monitor

This option ensures that the mirror image always fills the whole monitor.

☑ shrink mirror image to fit onto monitor

This option ensures that the mirror monitor always shows the complete source image.

☐ use same resolution as source monitor for mirror monitor

This option can improve mirroring performance.

Screen update rate: 5 updates per second

slow fast

Fast update rates give a more realtime mirroring experience, slower update rates cause less negative impact on overall system performance.

☐ disable video overlays and 3D acceleration

Check this option if videos or 3D graphics don't get mirrored.

☐ flip mirror image horizontally

☐ flip mirror image vertically

< 上一步(B) 下一步(N) > Start 取消

图 7-6 确认显示细节

如果想让复制的内容占满整个投影幕布，那就选择“stretch mirror image to fill monitor(拉伸镜像并填满屏幕)”；如果想让投影幕布按原始比例显示镜像，则需要勾选“shrink mirror to fit onto monitor(缩放镜像并适应屏幕)”；如果选择“use same resolution as source monitor for mirror monitor(来源屏幕和镜像屏幕分辨率一致)”，则会确保复制内容保持原有的比例，不会失真。

上面介绍的内容足以满足播放课件的一般要求了。如果在播放过程中需要暂停镜像或停止镜像，只需要在右键菜单“Mirroring(镜像)”的次级菜单中点击“Pause(暂停)”或“Stop(停止)”，要重新开始镜像，则直接点击“Start(开始)”即可(图 7-7)。

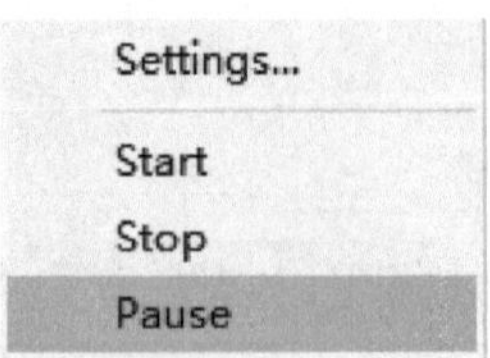

图 7-7 镜像控制菜单

二、无线遥控器

“台式电脑 + 投影仪”构成的多媒体教室是最简单实用的，但它的一个致命弊端是教师对课件的所有操控都集中在以台式电脑为中心的控制台上，极易将教师牢牢拴在电脑旁边，不像传统教室那样，教师可以随意走动，在讲课过程中和学生形成有效的互动。

那有没有办法摆脱多媒体授课的这一窘境呢？当然可以，前提是需要第三方软件与相应的硬件支持。

说到硬件支持，许多人担心会产生额外费用，从而不愿使用。幸好硬件问题可通过人手一部的智能手机解决，所以不需要额外投入。

在软件方面，经过大量筛选，我们最终选择的是国内的“向日葵远程控制”。因为向日葵远程遥控可以绑定号码直接登录，支持触摸操控，比鼎鼎大名的 TeamViewer 更加方便。

向日葵远程遥控是国内的研发软件，其官网号称可以实现在手机、平板和电脑之间随时随地远程控制。下载地址是 http://sunlogin.oray.com/zh_CN/download/。

使用时必须在电脑端和手机端同时安装它的 windows 版本和 android 版本(或 IOS 版本)，并以同一账号登录，在电脑端初次使用，要点击同意手机端要求控制的申请。如果选择绑定账号(图 7-8)，以后直接打开就可连接，非常方便(图 7-9)。

图 7-8　“向日葵”远程遥控客户端绑定账号

图 7-9　直接登录

手机与电脑成功连接之后，会出现功能选择界面(图 7-10)。第一项功能为“桌面控制”(图 7-11)。

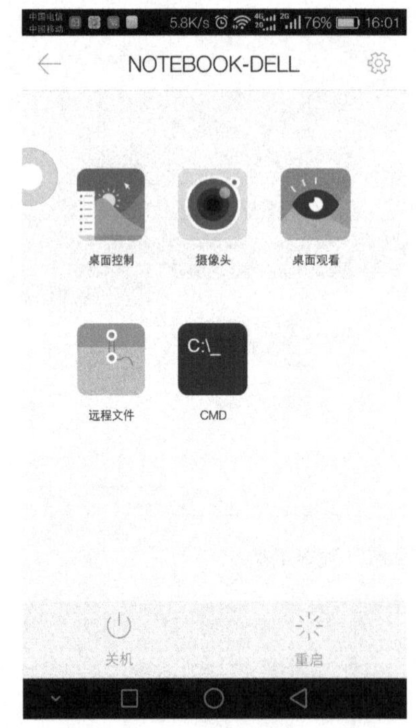

图 7-10　功能选择界面

图 7-11　连接电脑桌面

图 7-12 是在手机屏幕上显示的电脑桌面及主要的控制功能。

图 7-12　手机端显示的电脑界面及控制功能

手机上主要使用远程桌面控制和桌面观看功能来控制电脑。该功能支持全 Win 键盘，中英文输入，支持复制粘贴，犹如在现场操作，支持开启和关闭黑屏模式，防止他人观看操作，保护隐私，支持屏幕白板，可在远程桌面上直接涂画、写字、用矩形和椭圆圈选，方便教师演示。

其中的鼠标操控可以直接用手机的触摸功能代替，非常方便(图 7-13)，此外，直接使用手机输入法向电脑传送文字也是一大亮点(图 7-14)。

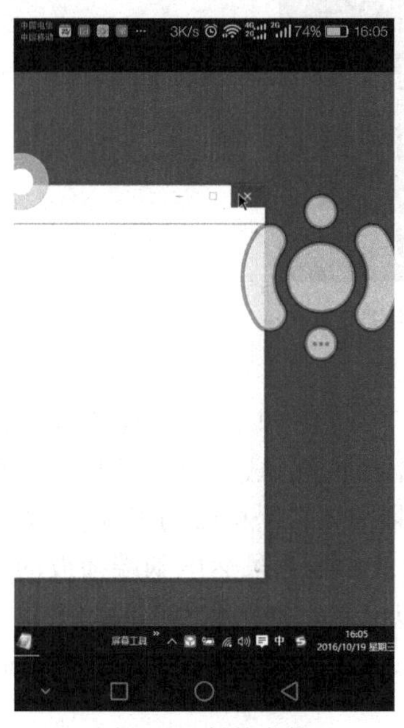

图 7-13　触控鼠标

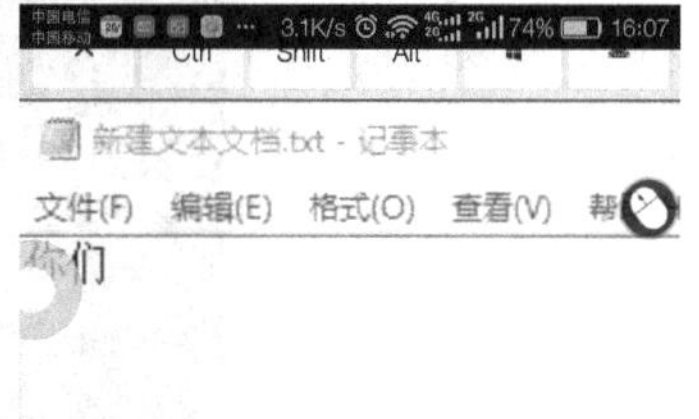

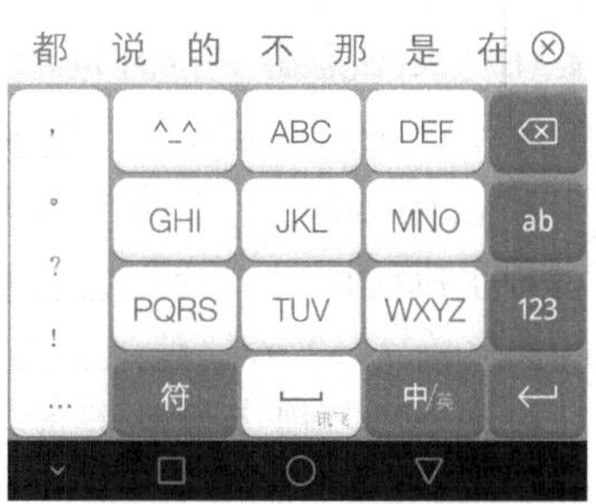

图 7-14　手机输入文字

多媒体课堂上有了“向日葵”远程遥控，教师可以如传统教学一样在教室中随意走动与自由交流。

三、无线话筒

前面使用手机为基本的硬件设备，解决了多媒体课堂上对显示画面的操控问题，那接下来考虑如何利用手机解决多媒体课堂上的话筒问题。

如何把手机变成电脑的麦克风？这一问题可通过一款简单的软件“无线话筒”来解决。这针对教室空旷或者学生众多的情况，如果是小班授课，便不需要额外操作。

教师可在手机应用商店里搜索并下载“无线话筒”（或者直接到开发者的网页下载，网址为 https://play.google.com/store/apps/details?id=com.shenyaocn.android.WirelessMIC），软件打开后的界面如图 7-15 所示。

图 7-15 无线话筒的手机端界面

只需要在网页浏览器中打开局域网地址 http://10.10.10.3:8081/（输入用户名和密码，默认情况下都是 admin），手机端将自动和电脑端连接，成功之后手机端的客户端数量显示为“1”（图 7-16），表明电脑上现在可实时播放来自手机端的声音（图 7-17）。

教师对着手机说话时，音频会自动在电脑上播放出来，虽然电脑端播放的声音比手机端输入的声音有 1—2 秒的延迟，但总体效果可以接受。并且在电脑端打开的界面，可最小化到任务栏，这样既不影响播放手机端的声音，也不会遮挡课件的显示界面。

图 7-16　连接客户端成功之后的手机端界面

图 7-17　无线话筒电脑端界面

四、在网页课件中嵌入 PPT 课件

大多数外语教师最熟悉用 MicroSoft Office 办公产品中的 PowerPoint 制作多媒体课件，而这方面的课件资源也是最丰富的。因此，让所有教师突然舍弃以前的 PPT 课件而开始使用网页课件，具有一定的难度。因此我们提供一个折中的处理办法，通过借助一个 Office 插件进行中间转换，实现在网页课件中嵌入 PPT 课件。使 PPT 课件的一些明显弊端，被网页技术加以弥补，达到相得益彰的双赢效果。

在网页课件中嵌入 PPT 课件和其他的 Office 文档的操作时可借助 EdrawSoft 公司开发的一个 Office 中间件(图 7-18)。

图 7-18　Officeviewer 中间件

实践证明，Officeviewer 插件不但可以和 MicroSoft Office 无缝连接，也可和国内最新版的 WPS Office 对接使用。它提供了一整套在网页中集成 Office 办公软件的命令接口，其中具体使用的 JS 命令可参看 EdrawSoft 公司提供的 Edraw Office Viewer Component V7 User’s Guide(Edraw Office Viewer Component 使用指南)。

Officeviewer 在使用时只需要在网页中以 Object 方式嵌入即可，网页中添加的代码如下。

```
<object classid="clsid:7677E74E-5831-4C9E-A2DD-9B1EF9DF2DB4" id="OA1" width="100%" height="100%" codebase="officeviewer.cab#version=8,0,0,382">
        <!--NOTE: The officeviewer.cab file in edrawsoft.com is the trial version. If you have the full version, you should upload the officeviewer.cab file to your own site. Then change the codebase.//-->
        <param name="Toolbars" value="1">
        <param name="LicenseName" value="30daytrial">
        <param name="LicenseCode" value="EDWD-3333-2222-1111">
        <param name="BorderColor" value="15647136">
        <param name="BorderStyle" value="2">
    </object>
```

打开网页之后，系统会提示用户是否允许运行 ActiveX 插件(图 7-19)，如果允许，出现的网页界面如下(图 7-20)。

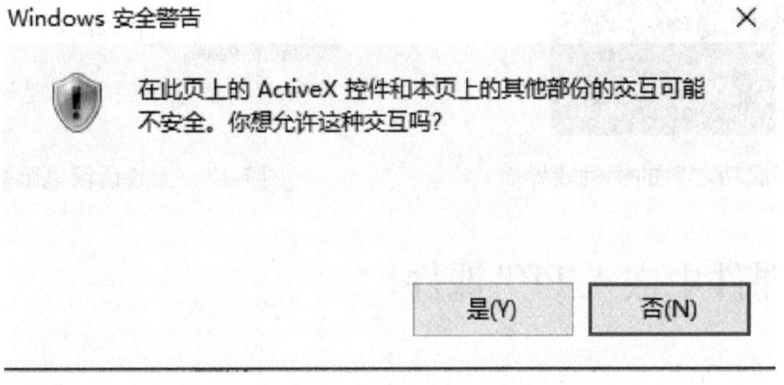

图 7-19　是否允许加载 Officeviewer 对话框

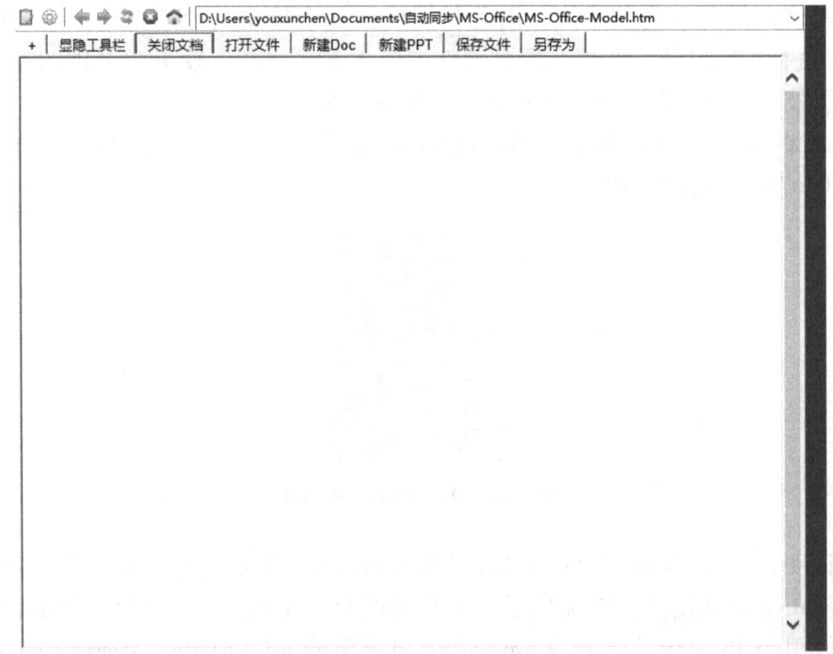

图 7-20　加载 Officeviewer 插件的网页界面

在嵌入 PPT 课件时为便于操作，我们借助网页框架结构在 PPT 课件网页的上面增加了一个框架，加载网页“MS-Office-Top. htm”时会出现一套专门控制 PPT 课件播放的功能按钮(图 7-21)。

top_ frm：PPT 控制功能(加载：MS-Office-Top. htm)
middle_ frm：PPT 嵌入播放 (加载：MS-Office-Frames. htm)

\+ | 显隐工具栏 | 关闭文档 | 打开文件 | 新建Doc | 新建PPT | 保存文件 | 另存为 |

图 7-21　PPT 课件控制功能按钮

可以点击 打开文件 按钮选择打开相应的 PPT 课件文件(图 7-22)。

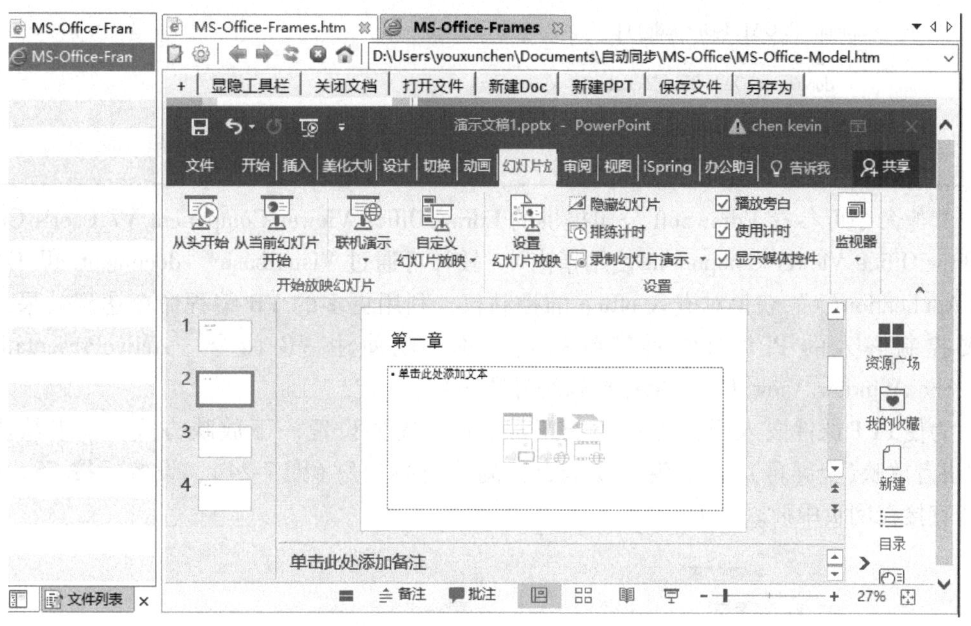

图 7-22　在网页中打开 PPT 课件

如果希望网页打开时自动加载某个 PPT 课件文件，可以在“MS-Office-Model. htm”中加入 JS 代码(粗体部分根据实际情况进行替换)。

```
document. OA1. Open("C: \ \ 临时文件\ \ 演示文稿 1. pptx");
```

另可以在网页中通过丰富的 JS 脚本对嵌套进来的 PPT 课件进行各种操作，如关闭 PowerPoint 界面顶端的工具栏(图 7-23)，可点击 PPT 课件控制功能中的 显隐工具栏 按钮，其命令如下。

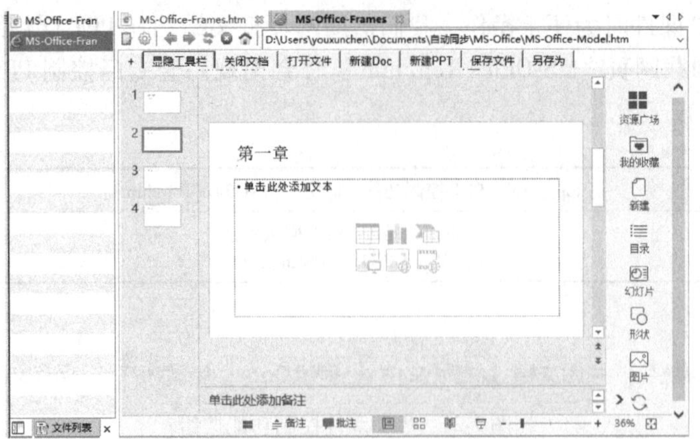

图 7-23 关闭 PowerPoint 的工具栏

```
function ShowHideToolbar( )
{
        if( document. all. OA1. IsOpened( ) ) {
                var x = document. OA1. Toolbars;
                document. OA1. ShowMenubar( ! x) ;
                document. OA1. Toolbars = ! x;
        }
}
```

其他命令可参看 EdrawSoft 公司提供的 Edraw Office Viewer Component V7 User's Guide (Edraw Office Viewer Component 使用指南)。教师可通过 Visualbasic "document. all. OA1. Get Application( )" 获得对嵌入 office 的控制权，利用更多的 VB 编程命令达到效果，如需要控制嵌入的 PPT 课件跳转到指定页面，就使用 VB 命令 "ActivePresentation. SlideShowWindow. View. GotoSlide(页码编号数字)"。

为使 PPT 课件嵌入网页之后还能正常播放，需要设置一下放映方式，本来默认是"演讲者放映(全屏幕)"，改为"观众自行浏览(窗口)"(图 7-24)，设置后按 F5，PPT 才能直接在网页中放映(图 7-25)。

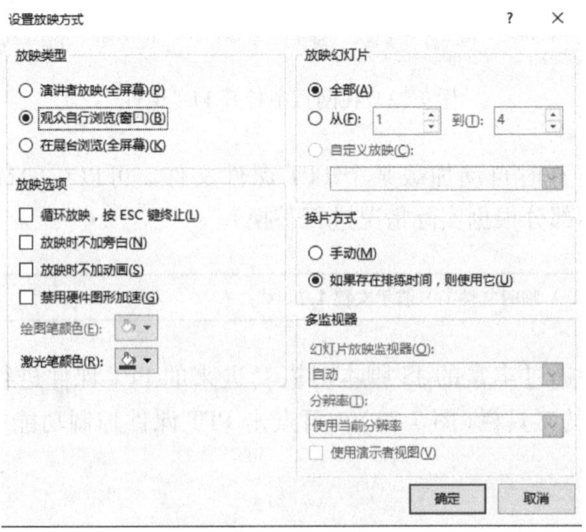

图 7-24 设置放映方式

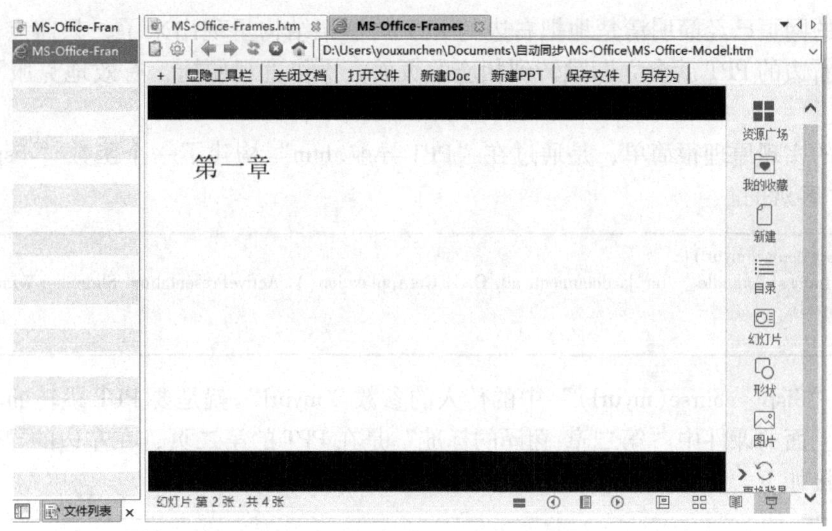

图 7-25　窗口模式放映 PPT 课件

1. PPT 的网页导航

把 PPT 课件嵌入网页播放要利用强大灵活的网页技术实现更理想的课件功能，摆脱纯粹依赖 PPT 课件所受到的种种限制。例如，PPT 课件虽然制作简单，接受面广，但大纲功能偏弱，如果页码一多，容易让人分不清结构体系，有时制作者很难准确迅速地定位导航。

为克服 PPT 课件的这一弊端可将其嵌入网页，使它的框架体系清晰简洁地得以呈现，并使用 JS 代码操纵它在指定页码之间的跳转，将 PPT 和网页课件的优势完美地结合。图 7-26 是利用网络框架实现的 PPT 网页导航。

嵌入 PPT 并进行导航的网页框架

left_ frm：网页导航 （加载：PPT 导航. htm）	middle_ frm：PPT 嵌入播放 （加载：MS-Office-Frames. htm）

图 7-26　网页导航与 PPT 播放

左边的网页已经简明清楚地把右边的 PPT 的框架结构呈现出来了，只需点击导航菜单选项，右边的 PPT 就会立即跳转到相应的页面，操作直观便捷，有效地克服了 PPT 本身的弊端。

具体的实现原理很简单，是通过在“PPT 导航. htm”构建了一个函数“disp_ course (myurl)”客观的。

```
function disp_ course( myurl) {
    parent. frames[ "middle_ frm"]. document. all. OA1. GetApplication( ). ActivePresentation. SlideShowWindow. View. GotoSlide( myurl) ;
}
```

函数“disp_ course(myurl)”中的传入的参数“myurl”就是要 PPT 跳转的具体页码数值，如上面的课件中“第二章 翻译的标准”是在 PPT 的第二页，在左边的导航网页中加入的链接如下。

```
<a href = "javascript: disp_ course(2) ; " >翻译的标准</a>
```

掌握了这个基本方法，教师就可以轻松地在网页中实现 PPT 课件导航了。

2. PPT 课件的时间进度

长期使用 PPT 课件的教师都有这样的感觉，PPT 课件在全屏播放的时候会把系统任务栏的时间遮挡住，这样不利于师生掌握课堂的时间进度，给多媒体授课过程带来了一些不便。

网页技术的协助可以解决这个问题。同样使用网页框架，在 PPT 课件框架的下方增加一个框架，“加载：PPT 时间. htm”，专门显示课堂的时间信息(图 7-27)，直观大方，非常实用。

PPT 课件框架下方嵌入时间进度

middle_ frm：PPT 嵌入播放 (加载：MS-Office-Frames. htm)
bottom_ frm：课堂时间 (加载：PPT 时间. htm)

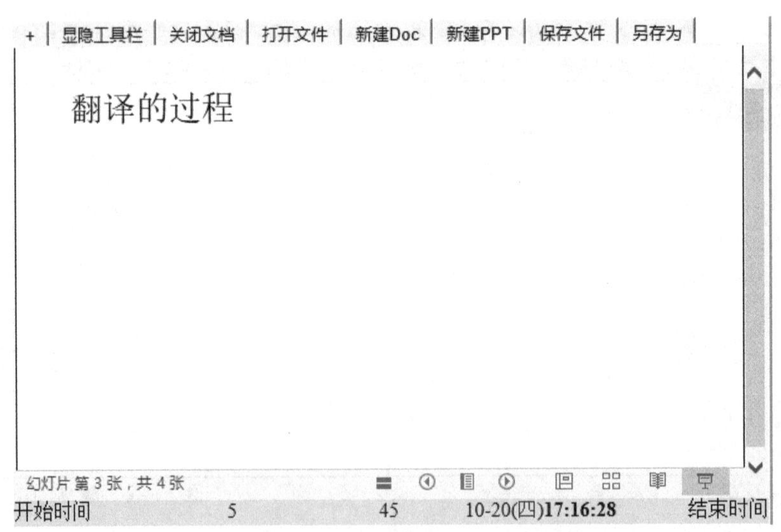

图 7-27 网页嵌入 PPT 课件播放与课堂时间进度显示

3. PPT 课件与电子板书

利用网页技术除了可以解决 PPT 课件的导航和时间显示之外，我们还可以考虑如何在 PPT 课件中制造一个便利的电子板书区域。因为 PPT 课件在全屏播放的情况下，只能利用本身的注释笔进行简单的标注或涂画，不能直接在上面进行文字书写，这是它的另一个弊端。

利用网页框架，在 PPT 课件的右边增加一个新的框架并加载一个富文本书写工具，这里直接借用了目前较为成熟的百度 UEditor 网页编辑器（“UE 编辑器. htm”），效果如图 7-28 所示。

嵌入 PPT 课件并进行导航的网页框架

middle_ frm：PPT 嵌入播放 （加载：MS-Office-Frames. htm）	right_ frm：电子板书 （加载：UE 编辑器. htm）

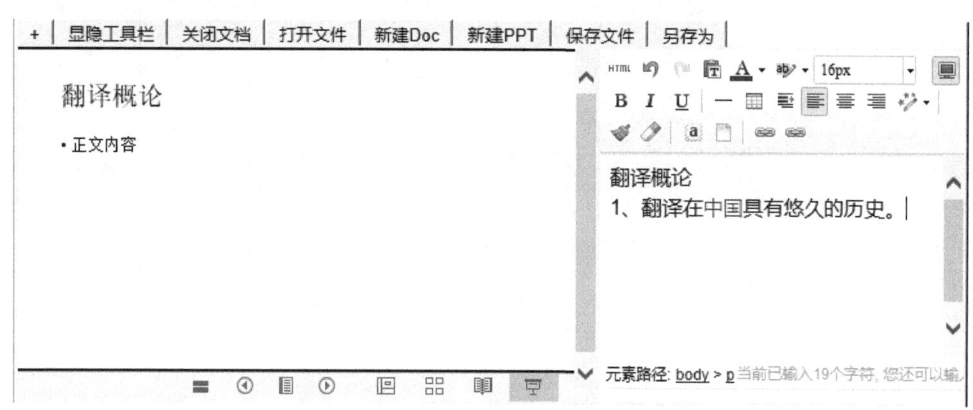

图 7-28 嵌入 PPT 课件并配备电子板书

4. 网页 PPT 课件与整合框架

为了让嵌入的 PPT 课件更具有实用性，我们将上面几个关于 PPT 课件的辅助增强功能在网页框架中进行整合，放置在一个统一界面之中。

<table>
<tr><td colspan="3">top_ frm：PPT 控制功能（加载：MS-Office-Top. htm）</td></tr>
<tr><td>left_ frm：网页导航
（加载：PPT 导航. htm）</td><td>middle_ frm：PPT 嵌入播放
（加载：MS-Office-Frames. htm）</td><td>right_ frm：电子板书
（加载：UE 编辑器. htm）</td></tr>
<tr><td colspan="3">bottom_ frm：课堂时间（加载：PPT 时间. htm）</td></tr>
</table>

此外，在时间进度网页中增加了两个功能按钮，分别可以显示或隐藏导航框架和电子板书框架，方便教师在课堂上灵活调控，节约屏幕空间（图 7-29）。

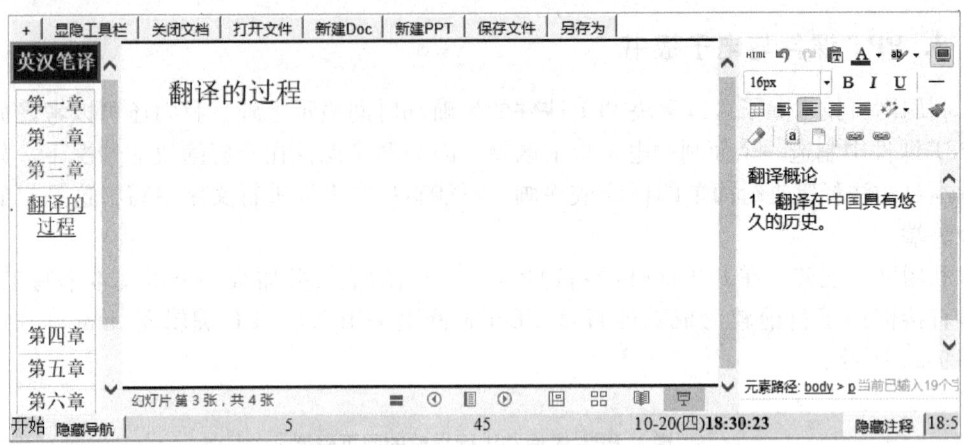

图 7-29　嵌入 PPT 课件的完整框架和辅助增强功能

附录一

高校 PPT 教学方式的技术革新

说明：本文于2015年3月发表于《中国教育信息化》，现摘录于此，略有修改和补充。

陈友勋
（重庆文理学院，中国重庆 402160）

摘　要：本文结合 PPT 课件本身的优劣特点以及国内高校多媒体课堂的实际情况，探讨并总结了如何在以人为本的原则下，通过简单实用的工具软件和技术手段切实增强 PPT 课件的制作和演示效果，从而让现代教育技术更好地服务于高校课堂教学，提高多媒体课堂的教学效果。

关键词：多媒体教学；PPT 课件；时间显示；文字标注；导航目录；远程控制

一、引言

建构主义学习理论认为：通过多媒体技术手段可以显著地提高课堂教学的效率[1]。而根据 Mayer 的多媒体学习认知模型[2]，利用多媒体课件，会使课堂教学中各个环节的过渡平滑顺畅，减少外部因素对教学过程的干扰。此外，多媒体课件也让授课内容更加生动活泼。但根据2009年的一项相关调查发现，全国高校75%以上的老师在多媒体课堂上使用的都是 PPT 课件[3]。而包括 Authorware、Adobe Flash 及动态网页技术在内的专业多媒体课件的使用者，在高校课堂上只占了不足30%的比例。

当然，多媒体课件制作的质量不是由制作工具本身决定的，在很大程度上取决于用户使用的熟练程度及其灵活应用的能力。本文就以大家都熟悉的 PowerPoint 为例，如果善于挖掘 PowerPoint 本身的功能，同时灵活地借助辅助工具配合工作，那么制作出来的 PPT 课件，完全可以胜任高校多媒体课堂的教学需要，甚至取得不输于其他任何专业多媒体制作软件的演示效果。

二、PPT 课件的优缺点

PPT 课件之所以能大行其道，是因为它具有移植性强、操作简单、接受面广等诸多优势。PPT 课件无论是制作还是播放都依赖于微软 Windows 操作系统中办公软件的标准配置 PowerPoint，用户不用担心自己在家制作的课件转移到其他电脑上会出现找不到播放程序的尴尬局面。而且，PowerPoint 同微软其他所有的办公软件一样，都具有上手容易的特点。用户通过直观的界面、简单的操作就可以制作出自己的多媒体课件，并且足以应付大部分日常教学演示的需要，相信这点对文科教师尤其有吸引力。

但PPT课件的缺点也同样明显。首先，PPT课件主要依赖线性的静态展示而不强调动态交互，因此交互性不强成为它的先天缺陷。虽然PPT课件中不乏文字或图画的动画效果，这样的动画虽然起着辅助烘托演示效果，但依旧只是机械地再现先前固化下来的课件内容而已，不会根据课堂教学中的变量因素相应地改变其显示结果，因此本质上不属于动态交互的范畴。

此外，在演示过程中，由于教师离不开鼠标操作，不方便四处走动，容易被固定在讲台主机的位置“照屏宣科”，在学生印象中甚至成为只会照着课件复述的上课机器。美国Educause在最近针对全美高校所做的一个相应调查中甚至认为，这样上课的效果还赶不上利用粉笔、黑板的传统教学[4]。

首行空位加上最后PPT课件播放时不能输入文字的特点，不利于大段信息的展示。要保证课件内容在远处也能看清，PPT课件的字体必须足够大，这限制了单页幻灯片上能够显示的课件内容，于是稍微复杂的教学内容就必须用很多幻灯片才能完全显示。而各个页面之间的连接关系往往在最前面的目录页，但播放过程中又无法方便地随时返回目录页进行参考对照，这势必影响教师对大容量PPT课件内容的整体把握，上课时易顾此失彼，影响教学进度。

三、PPT演示技术的增强手段

虽然PPT课件存在上述诸多缺点，但根据多年来英语课堂上的多媒体教学实践经验发现，广大高校文科教师完全可以借助简单的技术手段来增强PPT课件的演示效果，从而让多媒体课堂更加生动活泼。

1. 时间显示

PPT课件教学中最容易遭人诟病的是教师对教学节奏把握不当，导致信息过载的情况[4]。克服这一弊端的技术方法首先是增强PPT课件显示时间的功能，以及显示已经讲授和还未讲授的课件内容之间的比例情况。对于后者，只需要在设计幻灯片的母版页眉中插入“显示当前页面”，同时人为地在当前页面的后面补充幻灯片的总体页数，就可以在播放中直观地获悉教学进度。但对如何实现在幻灯片上直观地显示教学时间，则颇费周折。

最简单的操作方法是直接调用外部工具，如教师在上课的同时就启用具有倒计时功能的软件，并调整其窗口的大小和位置，让其始终置于PPT课件的前面即可达到理想的效果。上海理工大学陈家琪教授设计的PPT课件播放提示钟(附图1-1)功能比较全面，当播放PPT课件时，计时器既可自动计时也可手动计时，并且它的倒计时采用进度条方式显示，较为直观。在设定时间将要到来之际，还可进行提示(声音或窗口)。其显示界面为一个总在最前的浮动窗口，可用鼠标拖放到屏幕上的任意位置。

附图1-1 PPT课件播放提示钟

当然，教师在制作 PPT 课件时也可以进入母版视图，在插入页眉页脚时选择时间和时间格式，并勾选自动更新。这样制作出的 PPT 课件在播放时，每页幻灯片都会以数字格式自动显示当前的系统时间。不过这样的时间显示并不直观，最好的方案是在 PPT 课件母版中插入一个合适的 flash 计时工具(附图 1-2)。该工具在课件启动时，直接根据当前的系统时间判断是否处于上课状态，并依据上课时间和当前时间之间的时差计算经过的课堂长度，将计算结果以长条形的进度条方式显示出来，帮助教师直观地掌握课堂进度，可谓简单明了，一目了然。

附图 1-2　PPT 课件母版中嵌入 Flash 课堂自动计时器

2. 文字标注

如何实现在 PPT 课件上进行文字标注？首先可以考虑借用一些合适的外部工具，这方面常用的软件包括国内的红烛教鞭和国外的 Pointofix、ZoomIt 等。这些标注工具的基本原理都是直接冻结屏幕，将其截取为静止图面，在上面任意地进行画图和文字输入等标注工作，操作完毕之后退出软件即可返回原来的 PPT 课件界面继续演示。但这样的来回切换总会影响教师教学的流畅性，在一定程度上干扰和分散学生在课堂上的精力。为减少调用标注工具的转换干扰，教师需要选择其中界面小巧、方便隐蔽并利于调用的软件，即易用性强的标注工具(整体而言，Pointofix 就比红烛教鞭好用)，否则只有强行记住这些标注软件及常用功能的快捷方式才能减少转换干扰。

这些标注工具由于设计原理，无法克服冻结屏幕成为静止画面之后不可同时操作课件本身的弊端，这样静止的标注和动态的显示之间构成了不可调和的矛盾。随着微软操作系统的升级更新，现在 Vista 及以上的系统已经支持动态缩放(LiveZoom)和动态标注(LiveDraw)功能了，这方面综合性较强的一个标注软件是 Presentation Assistant(附图 1-3)，Win7 以上的系统完全实现了不冻结屏幕，而直接缩放屏幕或进行画图标注的功能。

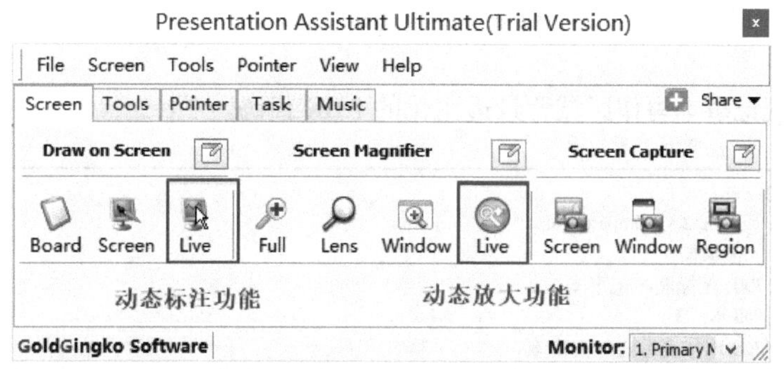

附图 1-3　可以动态标注和放大的演示助手

鉴于目前国内绝大多数高校的多媒体教室装备的都是XP系统，并且在相当长的一段时间内，这种情况也不可能从根本上发生改变，这种依靠高版本操作系统才能实现的功能没有很强的实际意义。不过针对XP操作系统还有一个解决办法，就是在多媒体电脑上安装窗口增强工具Actual Window Manager(附图1-4)，它可以在任何Windows程序的标题栏上加入一个调节透明度和收卷窗口的功能。这样打开任何一个文字编辑软件，调整窗口位置和大小使其覆盖在PPT课件之上，然后点击透明窗口功能(一般将透明度设为20%)，就可以输入文字直接标注了。操作PPT课件时，则只需要点击编辑窗口上面的卷起窗口功能，编辑软件在屏幕上将只剩下一个标题栏。这样既方便演示课件内容，又可以随时放下编辑窗口重新进行文字标注。

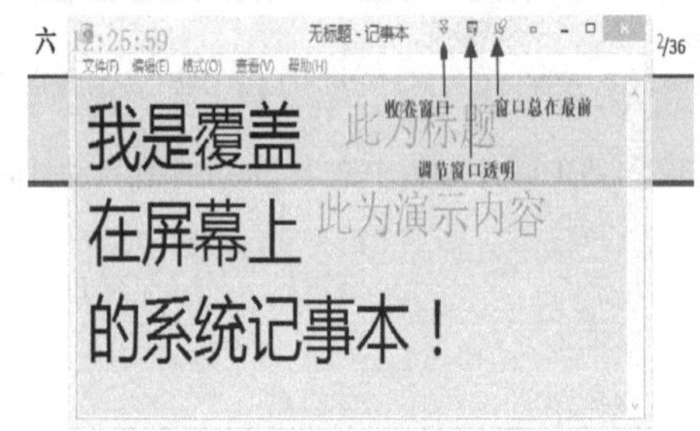

附图1-4 窗口增强型记事本

如果熟悉系统增强型软件Auto Hot Key，则可通过编写AHK脚本直接调用系统记事本，让其窗口始终前置，并把记事本写作区域的白色背景透明化，制造出一个可简化的、覆盖在PPT课件上直接书写的、不会遮挡PPT课件显示内容的超级板书工具(附图1-5)，应当比用Actual Window Manager实现的记事本更具有实用性。

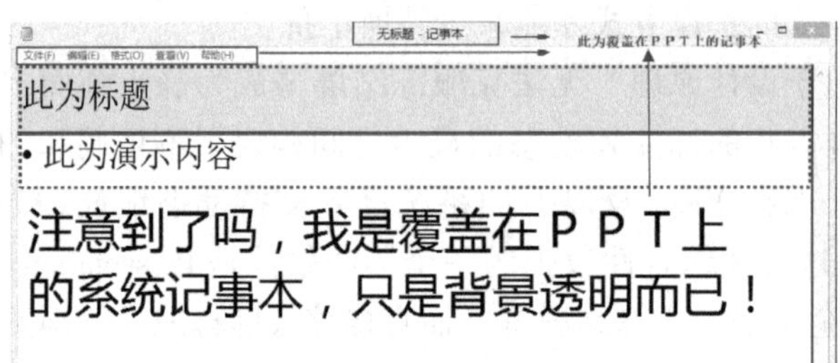

附图1-5 系统透明记事本

下面是实现记事本写作区域背景透明化的AHK代码。

```
SetTitleMatchMode, 2
Run C: \ Windows \ system32 \ Notepad. exe
WinActivate 无标题 - 记事本
WinSet, Transparent, 200, 无标题 - 记事本
WinWait, 无标题 - 记事本, , 3
WinSet, TransColor, CCEDC7, 无标题 - 记事本
```

最好把这段 AHK 脚本保存为 exe. 文件，方便在任何电脑上直接调用。推荐方式是将其作为动作按钮嵌入幻灯片母版之中，在有需要的时候直接点击即可调用。

3. 导航目录

PPT 课件由于采用的是单一的线性设计结构，所以其目录结构不像其他交互性课件那样直观易用，方便让教师随时参考定位，并相应地调整授课进度。在建构主义看来，多媒体课件只有利用导航功能和超链接把各个知识点之间的关系结构化和网络化，才能便于学生将其内化于自身已有的知识体系之中，意义建构的效率才会相应提高[4]。所以，在实际教学中，教师可以采取的补救方法之一是设计母版菜单，即在整个 PPT 课件制作完成之后，将其转入母版视图，加入一个文本框，输入整个课件的目录结构和超链接，并把它拖放到课件显示区域之外，设计其进入和退出效果为动画路径中的“直线方式”，并在“计时”中选择属性为单击，指定合适的触发器。这样，演示时，PPT 课件中就拥有一个可以像 QQ 一样靠边显示和隐藏的目录菜单，点击链接标签就可以直接跳转到课件的相应位置，方便教师对整个课件进行导航操作。

但母版显示的内容总是处于显示层级的最下级，容易被幻灯片上的课件内容所覆盖，要想看得清楚，操作方便，还需在幻灯片上预留出足够的空间。这对本来就不利于展示大段课件内容的 PPT 课件来说，更是显得捉襟见肘。

在这种看似“山穷水尽”的情况下，教师若能够采用合适的外部工具制作目录树菜单来辅助导航，不但能够直接跳转页面，而且讲解逻辑清晰，层次感强，更能实现“柳暗花明”的演示效果。

另外推荐的是一个绿色的树形笔记软件——Boogu Note，它可以方便地添加无限级的目录菜单。只要在菜单中加入 PPT 课件的链接页码，同时启用这个软件本身自带的自动隐藏功能，就可以通过鼠标感应而实现像 QQ 一样的靠边隐藏或显示，实在是不可多得的 PPT 课件导航利器。

4. 远程控制

为了把教师从播放 PPT 课件的主机座位上解放出来，人们想了不少方法。以前最常用的是使用 PPT 课件翻页笔(即激光笔或电子教鞭)，这种专门为播放 PPT 课件而设计的一款电子产品在欧美等发达国家中的使用已经很普遍了。但这种设备必须专门购买，一般只能进行前后翻页等简单操作，对于画线标注或文字输入等复杂操作无能为力。

幸好目前科技的发展给实现远程遥控 PPT 课件带来了新的可能性，以智能手机为硬件，只需在上面装一个遥控电脑的软件就可以实现 PPT 课件翻页笔的所有功能，并且还支持模拟鼠标和键盘输入，让教师即使离开电脑主机也可以完成绝大部分课件操作。例如，在电脑和使用安卓系统的手机上同时安装“百变遥控服务”，只要手机、电脑同时联网，就可以直接利用手机操纵电脑，模拟鼠标和键盘输入(附图 1-6)。更为方便的是，这个遥控软件中还有专门针对 PPT 课件播放而开发的定制功能，如上一页、下一页之间的一键跳转等。

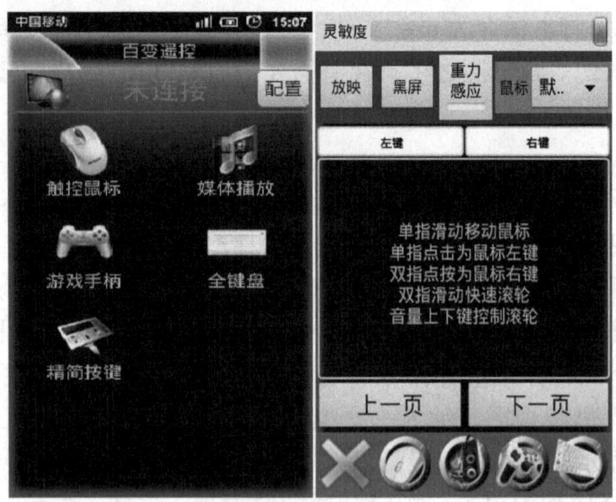

附图 1-6　百变遥控手机控制 PPT 课件界面

这样，结合前面提到的其他技术手段，教师在课堂上能够一边使用 PPT 课件演示播放，一边像传统教学一样前后走动，随时查看学生在下面的练习情况或举行面对面的个别辅导，可以在发现普遍性的问题之后，立刻在学生的位置旁把相应的文字输入 PPT 课件上，直接显示出来供全班观看讨论，让传统教学和现代化教育方式实现零成本的无缝对接。

四、结语

作者根据 PPT 课件本身的特征，并结合自身多年使用 PPT 课件的实际经验，探讨和总结了如何使用常用软件来增强 PPT 课件的演示效果。其中，考虑到高校文科教师对电脑技术知识一般不甚了解，于是尽量坚持拿来主义与为我所用的原则，所介绍的课件工具和制作技术尽量以人为本，简单实用，不涉及复杂的编程专业知识。力求让软件适应教师，而不是教师去适应软件，充分体现软件为课件服务，课件为教学服务的思想。作者相信广大高校教师在制作和演示 PPT 课件时，如果能够结合本文所介绍的知识和思路，同时发挥自己的想象力和创造力，充分利用各种辅助性的工具软件，一定能把 PPT 课件在课堂上使用得更加精彩。

参考文献

[1] 何克抗. 建构主义——革新传统教学的理论基础(上)[J]. 电化教育研究，1997(3)：3-9.
[2] 里德. S. K，张静. 多媒体学习的认知体系[J]. 开放教育研究，2008(3)：28-36.
[3] 刘跃军. 教师制作 PPT 课件存在的问题与对策[J]. 中国教育信息化，2009(18)：26-28.
[4] 刘琦. 高等师范院校多媒体课件应用现状及改进策略研究[D]. 信阳师范学院硕士学位论文，2012.

备注：本论文为全国教育信息技术研究“十二五”规划 2014 年度专项课题(课题立项号：146232118)之部分成果。

附录二

PPT 课件综合模板

附图 2-1 是我们精心制作的一个 PPT 课件综合模板，它提供了一些可以补救前面所讲的 PPT 课件短板的功能，教师们可以在此基础上稍作修改。由于它是在 PPT 课件母版的基础上，利用 PPT 课件本身提供的控件和动画功能，即使有外部文件，也是采取内部嵌入的方式，因此具有很强的适应性和实用性。

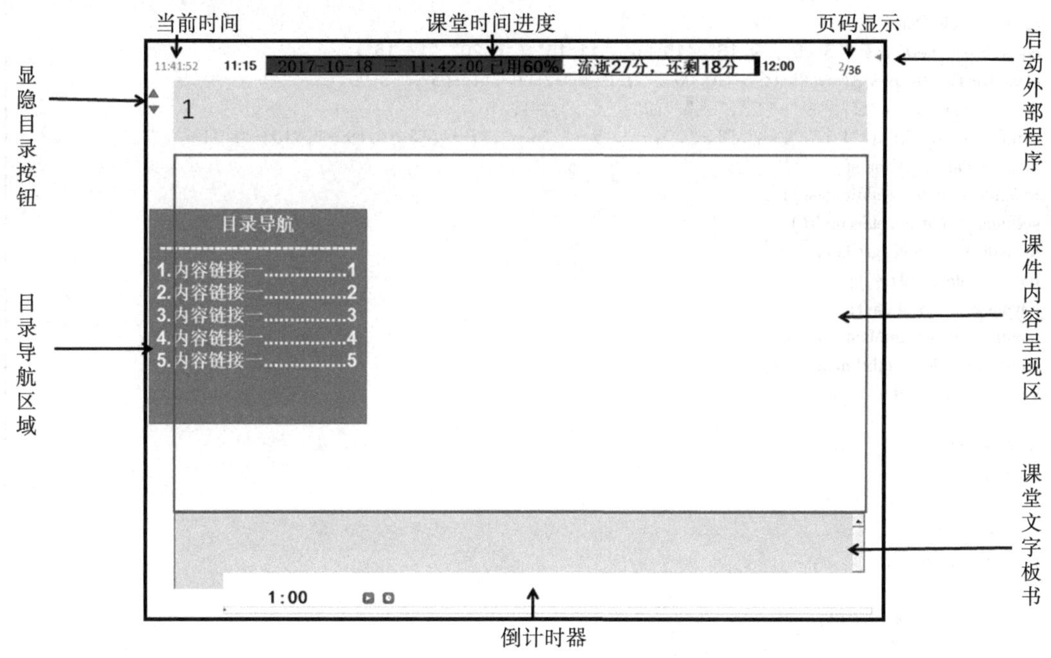

附图 2-1　PPT 课件综合模板

在上面的模板界面中，课堂时间进度是根据事先设置好的上课时间和课堂长度自动显示的，直观醒目。当前时间和当前页码分别显示在页面顶部的左右两端，既提供必要的页面信息，又不占用过多的显示空间。

页面左端偏上位置有两个小小的按钮，点击上面的按钮可以调出隐藏起来的目录导航菜单，菜单可作为当前 PPT 课件的大纲结构提供参考，也可直接点击页面进行跳转。如果点击下面的按钮，则可把显示出来的导航菜单再度隐藏起来。

页面右端偏上位置有三个按钮，分别连接相应的外部程序，点击即可启动辅助课堂教学。最上面按钮是启动系统记事本的，其他两个按钮可以根据实际情况自行添加。

页面下部有一个文本框空间，可以直接在里面输入文字编辑内容，相当于为 PPT 课件授课提供了一个便捷的电子板书区域。

页面底部嵌入了一个 flash 制作的倒计时器，和页面上端的课堂时间进度一样，也非常直观醒目，方便教师在课堂上要求学生在规定时间内完成课堂作业。

下面将分别对这些功能进行简要介绍，并提供详细的修改方法供大家参考。

一、插入课堂时间进度

本书前言所提到的云盘地址中会提供源文件“我的计时器. fla”，设置中默认课堂时间为 45 分钟，每堂课的开始时间为“8：20”“9：15”“10：20”“11：15”“16：20”“17：15”，显示效果如附图 2-2 所示。可使用 flash cs5(本计时器采用 AS2.0 编写，不能保证和其他版本之间的兼容性)根据自己的情况修改源文件(源文件中粗体部分)。

10:20 2016-10-22 六 10:32:52 已用28%，流逝12分，还剩32分 11:05

附图 2-2 嵌入 PPT 课件的课堂计时器

```
dates = new Date();
classTime = new Array("8:20","9:15","10:20","11:15","16:20","17:15");
classOverTime = new Array("9:05","10:00","11:05","12:00","17:05","18:00");
days = new Array("日","一","二","三","四","五","六");
months = new Array("1 - ","2 - ","3 - ","4 - ","5 - ","6 - ","7 - ","8 - ","9 - ","10 - ","11 - ","12 - ");
hour = dates.getHours();
minutes = dates.getMinutes();
seconds = dates.getSeconds();
todaydate = dates.getDate();
day = dates.getDay();
dayname = days[day];
month = dates.getMonth() +1;
monthname = months[month - 1];
year = dates.getFullYear();

baifenbi = "";
startTime = 0;
beginTime = "";
overTime = "";
total = 45 * 60;
beginClass = "no";
//trace(classTime.length);
for(var i = 0; i < classTime.length; i + +){
	startTime = classTime[i].split(":")[0] * 3600 + classTime[i].split(":")[1] * 60;
	loaded = hour * 3600 + minutes * 60 + seconds-startTime;
	beginTime = classTime[i];
	overTime = classOverTime[i];
	if(loaded > = 0 && loaded < = total)
	{
	beginClass = "yes";
	break;
	}

}
//trace(startTime);
//startTime = 15 * 3600 + 12 * 60;

//trace(loaded);
if(beginClass = = "yes")
{
```

```
baifenshu = int(loaded / total * 100);
baifenbi = 已用'+ baifenshu + "%,流逝" + Math.floor(loaded/60) + 分,还剩'+ Math.floor((total-loaded)/60) + 分;
setProperty("jindutiao", _ xscale, baifenshu * 2.4);
开始时间.text = beginTime;
结束时间.text = overTime;

//datess = year + " - " + monthname + todaydate + "" + dayname + "" + time + baifenbi;
}
else{
//setProperty("jindutiao", _ xscale, 240);
gotoAndPlay(3);
}


if(minutes < 10)
{
    minutes = "0" + minutes;
} // end if
if(seconds < 10)
{
    seconds = "0" + seconds;
} // end ift
ime = hour + ": " + minutes + ": " + seconds;

datess = year + " - " + monthname + todaydate + "" + dayname + "" + time;
```

点击 控件 选择“控件工具箱”—— “其他控件”中插入 Shockwave Flash 对象的功能(附图 2-3)，将其嵌入 PPT 课件母版，将显示位置调整在页面最顶端，这样基本不占用页面的显示空间。需要注意的是，在控件属性中，除了指明 flash 文件位置之外，还应注意 EmbedMovie 为 True，即采取内部嵌入的方式打包 flash 文件，这样才可在任意电脑上正常播放。

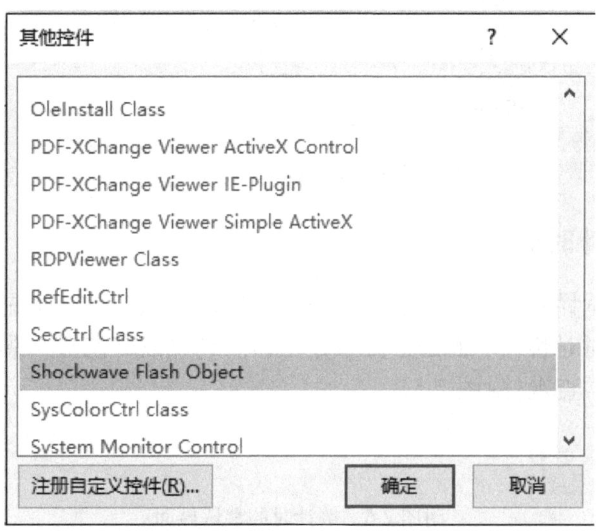

附图 2-3　通过控件工具箱插入 flash

属性 - ShockwaveFlash2

ShockwaveFlash2 ShockwaveFlash

按字母序 按分类序

(名称)	ShockwaveFlash2
AlignMode	0
AllowFullScreen	false
AllowFullScreenInteract	false
AllowNetworking	all
AllowScriptAccess	
BackgroundColor	-1
Base	
BGColor	
BrowserZoom	scale
DeviceFont	False
EmbedMovie	True
FlashVars	
FrameNum	0
Height	30.00008
IsDependent	False
left	72.25
Loop	True
Menu	True
Movie	
MovieData	
Playing	True
Profile	False
ProfileAddress	
ProfilePort	0
Quality	1
Quality2	High
SAlign	
Scale	ShowAll
ScaleMode	0
SeamlessTabbing	True
SWRemote	
top	-6.87504
Visible	True
Width	580
WMode	Window

附图 2-4 设置插入 flash 的参数

二、插入倒计时器

倒计时器的显示界面上有两个按钮，一个是启动按钮，另一个是编辑按钮。前面的数值是当前的倒计时时长，下面的进度条是主体。它可以动态显示剩余时间和总时间的比例变化情况，非常直观(附图 2-5)。

1:00

附图 2-5 倒计时的默认界面

下面是按默认时长点击启动按钮之后倒计时器的界面显示情况(黑色为已用时间，白色为总共时长)(附图 2-6)。

00:47

附图 2-6　倒计时器启动后的显示

如果想要的倒计时时长不是 1 分钟，可点击上面的第二个编辑按钮，重新设定倒计时时长，输入想要的数值，单位为分钟(附图 2-7)。

Time Set　1　☑显示时间　☑显示时间线

附图 2-7　设置倒计时的时间长度

三、链接外部程序

点击  形状，选择一个喜欢的图形，并放置在合适的位置。再次点击该图形，"动作"，弹出动作设置窗口(附图 2-8)。

操作设置　?　×

单击鼠标　鼠标悬停

单击鼠标时的动作

- ◉ 无动作(N)
- ○ 超链接到(H):
  - 下一张幻灯片
- ○ 运行程序(R):
  - 浏览(B)...
- ○ 运行宏(M):
- ○ 对象动作(A):

☐ 播放声音(P):

[无声音]

☐ 单击时突出显示(C)

确定　取消

附图 2-8　PPT 课件动作的设置(一)

选择"运行程序"，然后点击"浏览"定位并选择要打开的外部程序，或者直接在文本框中输入外部程序的路径和名称(附图 2-9)。

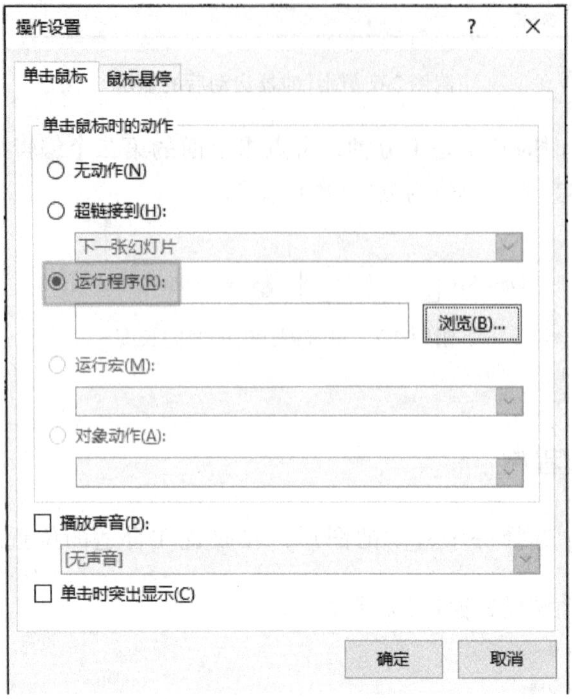

附图 2-9　PPT 课件动作的操作设置(二)

如果是输入程序路径，可以使用相对路径。只要外部程序是绿色软件，并且和 PPT 课件保存在固定的位置，便可保证在其他电脑上也能正常播放。避免“浏览”功能找出的绝对路径在不同的使用环境中需要重新指定位置的麻烦(附图 2-10)。

附图 2-10　PPT 课件动作的操作设置(三)

在使用的过程中，因为启动外部程序涉及系统安全问题，所以会弹出一个安全对话框，需要用户手动点击启用按钮，进行确认(附图 2-11)。下面是点击第一个按钮(关联系统记事本)后弹出的对话框界面(附图 2-12)。

附图 2-11　PPT 课件动作设置中弹出的安全警告

附图 2-12　PPT 课件动作设置最终效果

四、插入文本框控件

(1)点击 开发工具 —— abl “文本框控件”，放置在幻灯片适当位置，可通过鼠标拖拽调整大小。

(2)选中文本框，右键选择“属性表”（附图 2-13）。

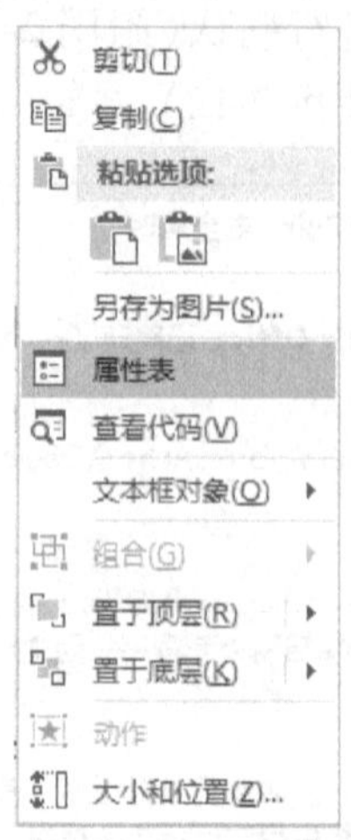

附图 2-13　右键菜单选中属性表

(3)设置文本框属性，包括字体(Font)、字号(Height)、颜色(ForeColor)、背景颜色(BackColor)和是否允许多行输入(MultiLine = True)、是否允许自动换行(WordWrap = True)等(附图 2-14)。

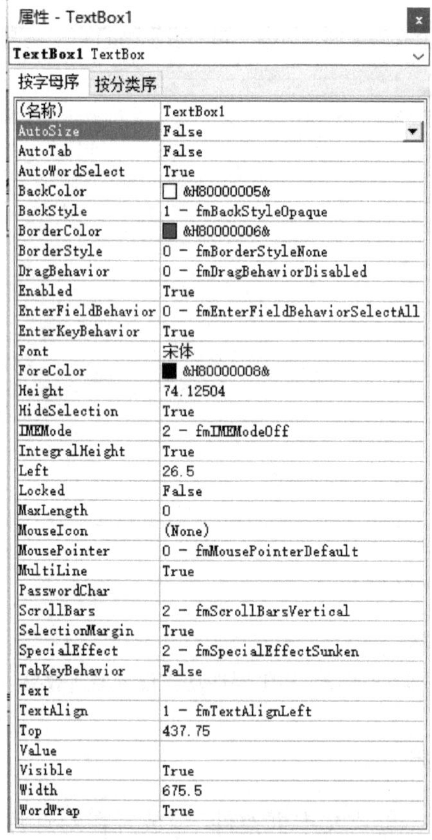

附图 2-14　文本框属性设置

(4) 下面是文本框控件在 PPT 课件放映时的显示效果(附图 2-15)。

附图 2-15　文本框放映效果

五、插入动态更新的时间

(1) 进入幻灯片母版，找到插入时间的适当位置，首先插入一个文本框，作为时间的容器。

(2) 然后找到 插入 菜单——“页眉页脚”，或直接点击 “日期和时间”(附图 2-16)，弹出插入时间的操作窗口。

附图 2-16　动态更新时间的参数设置

(3) 在插入时间的具体操作窗口选择需要的时间格式，然后勾选“保持更新”选项，须重点确认，该选项是保持时间更新的必要项。

(4) 点击 全部应用(Y)，就完成时间插入的操作。

(5) 下面是 PPT 课件放映时时间实时更新的效果(附图 2-17)。

14:45:52

附图 2-17　显示时间的放映效果

六、插入幻灯片页码

（1）打开 PPT 课件文档，点击 视图 “视图” ——母版视图——“幻灯片母版”，进入母版操作。点击 插入 “插入” ——“页眉页脚”，或直接点击—— # “幻灯片编号”，就弹出插入时间的操作窗口（附图 2-18）。

附图 2-18　插入幻灯片页码的参数设置

（2）在弹出的操作窗口中勾选“幻灯片编号”，再点“全部应用”。

（3）查看整个 PPT 课件文档的总页数，如这个 PPT 课件共有 36 页。在母版的右下角有一个叫“数字区”的地方： ‹#› ，移动光标到“< # >”符号的后面，输入“/36”。同时可直接编辑，如“第 < # > 页/共 36 页”，然后把这个文本框拖放到页面的合适位置。

（4）完成，点击菜单 视图 “视图” ——演示文稿视图——“普通”，或者 幻灯片母版 ——“关闭母版视图”，退出母版状态。PPT 课件的页面将会显示出编辑页码。

（5）下面是 PPT 课件放映时页面上的页码显示效果（附图 2-19）。

2/36

附图 2-19　插入幻灯片页码的放映效果

七、插入动态显示隐藏的导航菜单

（1）制作两个按钮图形，放置在母版左上角（附图 2-20）。

附图 2-20　制作导航菜单的启动按钮

（2）制作一个文本框，添加目录导航和相应的链接，放置在母版工作区的外左侧（附图 2-21）。

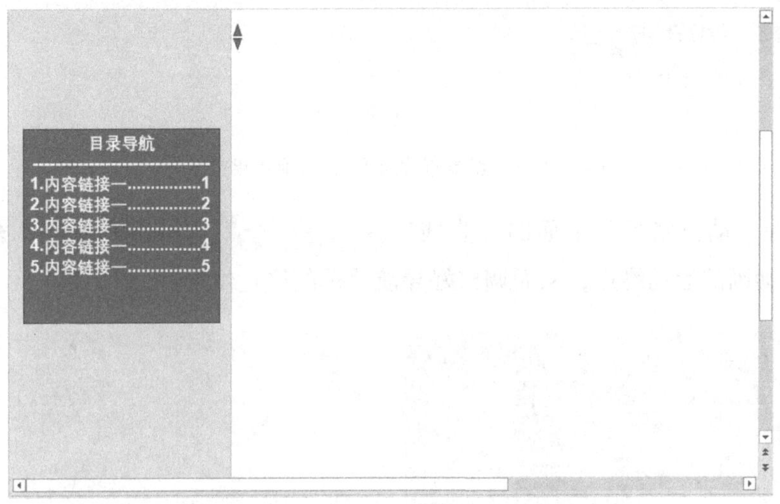

附图 2-21　制作导航菜单的链接内容

（3）选中该文本框，点击 动画——高级动画—— “添加动画”，为文本框添加动作的路径动画效果（附图 2-22 和附图 2-23）。

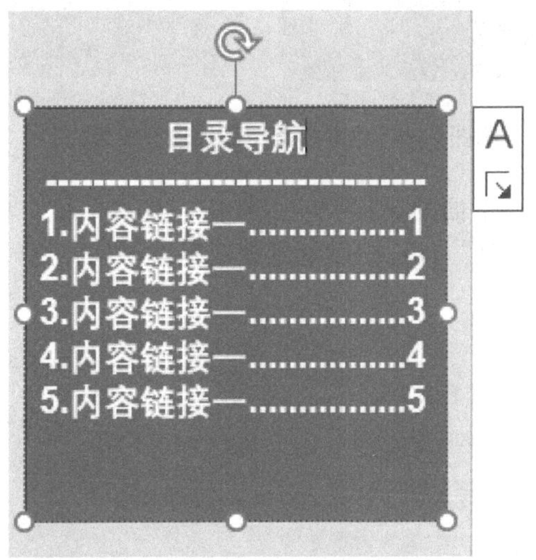

附图 2-22　给导航菜单添加动画效果（一）

附图 2-23　给导航菜单添加动画效果(二)

(4)选择“动作路径”下面的“直线” 1 文本框 11: 目录导航... ，然后鼠标拖动直线确定动画的运动终点，从而调整好导航菜单的终止位置(附图 2-24)。

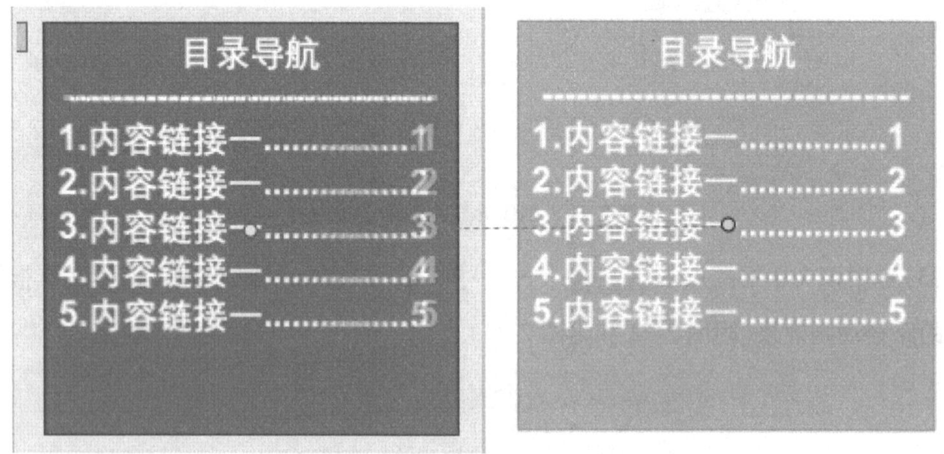

附图 2-24　给导航菜单添加动画效果(三)

(5)点击 动画窗格 下面的 触发 按钮，在“单机”中找到“等腰三角形 5”(附图 2-25)，然后在“计时”选项中设置延迟或持续时间，这时可在动画窗格中查看相关动画信息(附图 2-26)。

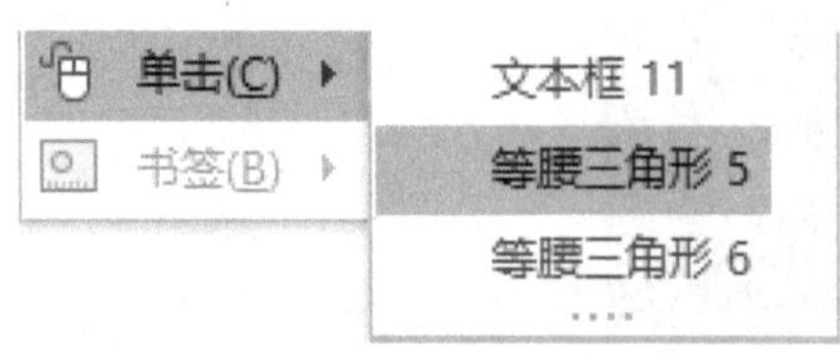

附图 2-25　给导航菜单添加动画效果(四)

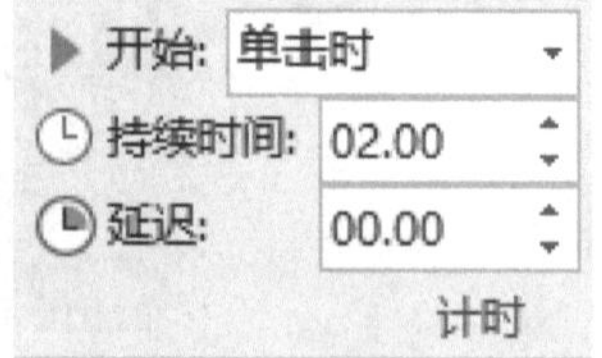

附图 2-26　给导航菜单添加动画效果(五)

（6）放映PPT课件，点击上面的按钮（“等腰三角形5”），目录导航就会左侧外部进入并停留在当前页面（附图2-27）。

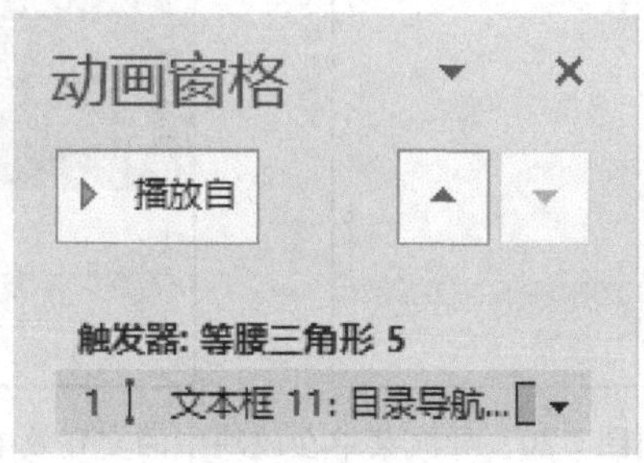

附图2-27　给导航菜单添加动画效果（六）

（7）重复依照步骤（3）—（6），以同样的方法制作路径动画，让目录导航从页面内部退出并消失在左侧外部（附图2-28、附图2-29）。

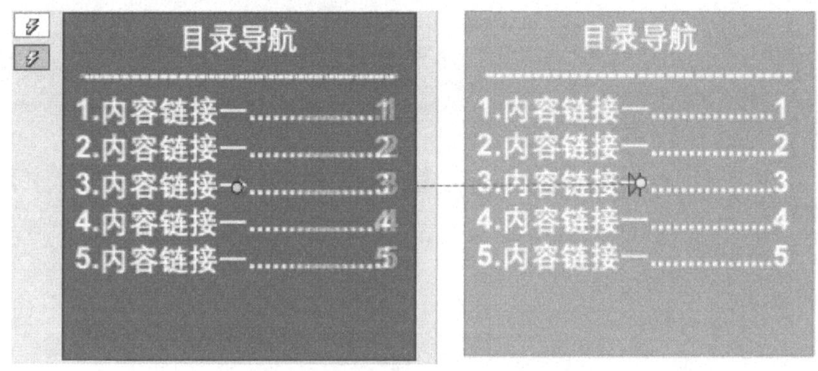

附图2-28　给导航菜单添加动画效果（七）

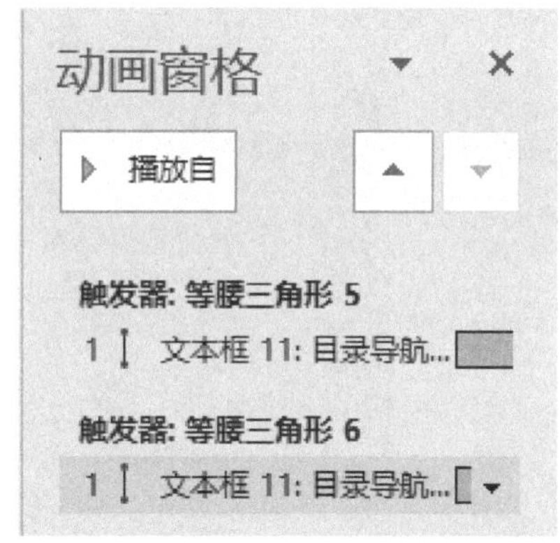

附图2-29　给导航菜单添加动画效果（八）

（8）下面是导航菜单在放映PPT课件时的显示和隐藏的表现效果，点击上面的菜单选项，可以跳转到PPT课件中相应的页面（附图2-30）。

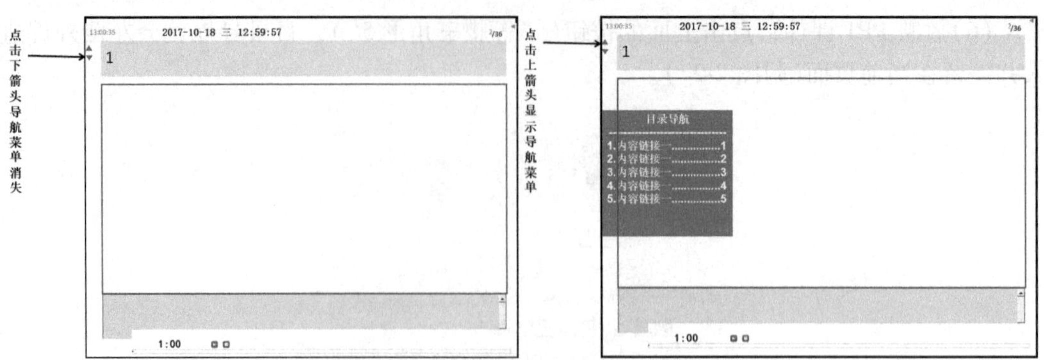

附图 2-30　导航菜单在放映中的交互效果

附录三

提高篇：善用佳软，相得益彰

任何课件都不可能面面俱到。工欲善其事，必先利其器。俗话说：一个好汉三个帮。因此，在设计和展示多媒体课件时，很多时候还必须依靠其他软件工具提供的相关功能，辅助或增强课件本身的教学作用。

世界上没有任何一个软件可以满足用户的所有要求，但用户永远能从不同软件中发现对自己有用的功能。多媒体软件方面的情况也是如此。只有不同的软件相互配合、取长补短，才能满足复杂的课堂教学要求。这就要求我们平时有意识地收集和积累相关软件知识，并对优秀的软件进行筛选、总结、归类。使用时才能信手拈来、为己所用。

软件筛选原则：一是尽量选择“绿色”软件，不需要单独安装，直接拷贝到电脑上就可使用；二是软件本身界面直观、功能全面、操作简洁，最好能支持用户自定义设置。

本着这样的原则，以增强 PPT 课件的文字板书功能为例，筛选出如下两种软件工具：一款是文本编辑软件“EverEdit”，另一款是系统增强工具“AutoHotKey”，它们是增强 PPT 课件的“屠龙刀”和“倚天剑”。

一、辅助课件之屠龙刀

“EverEdit”（附图 3-1）是国人自己研发的一个文本编辑软件，体积小巧，功能全面，扩展性强，在某些方面甚至超过了大名鼎鼎的“UltraEdit”软件。大家可以在官网

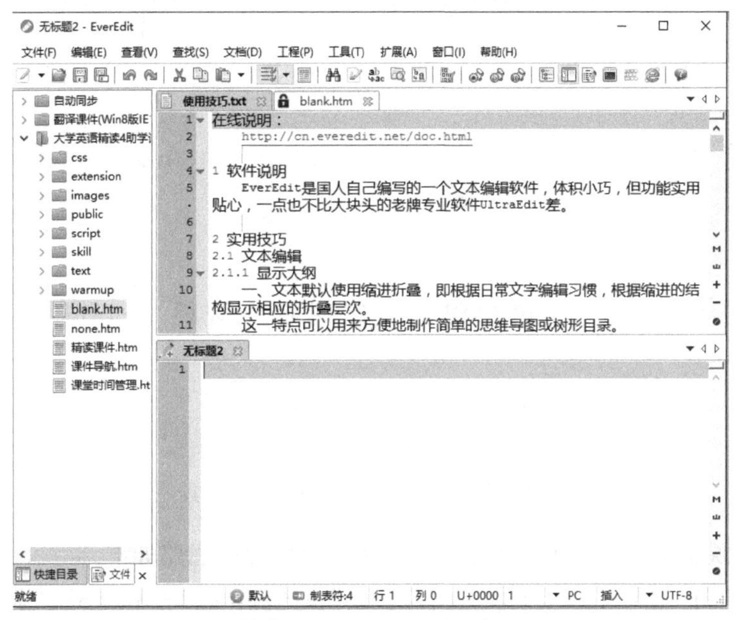

附图 3-1 “EverEdit”界面

(http://www.everedit.net/download)下载最新的安装版本，同时官网也提供了相应的绿色版本。即便不注册，免费版本也可正常使用半年之久，非常适合作为课件的文本输入工具。

“EverEdit”本身具有目录树结构的文本管理功能，支持标签式多文档的打开和编辑，窗口布置灵活多样，提供窗口拆分、克隆、置顶和透明度调节等自定义设置，是一个理想的课件文本输入工具。

二、增强课件效果之倚天剑

如果说“EverEdit”是增强 PPT 课件文字板书的“屠龙刀”，那“AutoHotKey”则是当之无愧地增强任何课件演示的“倚天剑”。

“AutoHotKey”是一款 Windows 平台下开放源代码的免费热键脚本语言，它可以通过命令调用系统接口及程序，创建基于简单语言的图形化界面的执行程序。如果大家能够掌握基本的“AutoHotKey”脚本语言，可实现办公自动化操作，简单地增强课件的演示效果。

下面将示范如何通过简单的“AutoHotKey”脚本语言，给放映中的 PPT 课件增加一个万能的电子板书工具，既可文字标注，也可自由涂鸦，甚至能回放板书过程。

1. 放映 PPT 课件的万能电子板书

下面介绍如何使用“AutoHotKey”控制“EverEdit”，给处于放映状态的 PPT 课件增加一个万能的电子板书工具。

因为 PPT 课件本身存在交互性差的天然弊端，尽管微软在 PPT 课件中已经提供了“激光笔”、“画笔”、“荧光笔”和“橡皮擦”等标注工具(附图 3-2)，但目前仍然不能对处于放映状态中的 PPT 课件直接进行文字板书，或许将来微软会考虑将标注功能加进去，不过在这一功能出来之前，教师们只能靠自己的手段来实现。

附图 3-2 PPT 课件中自备的标注工具

给处于放映状态的 PPT 课件增加文字输入工具的操作思路如下。

(1)首先打开“EverEdit”并将其窗口置顶(快捷键：Ctrl + Alt + S)，设置遮挡在 PPT 课件前面。相应的 AHK 脚本如下。

```
^! s: : ; 同时按 Ctrl + Alt + s 激活 EverEdit 窗口.
IfWinExist ahk_ class EverEdit{
    WinActivate
    }
else{ ; 如果当前没有启动 EverEdit, 则启动安装路径下的 EverEdit.
    Run D: \ Green Programs \ everedit_ win32_ portable \ EverEdit. exe
    WinWait ahk_ class EverEdit
    WinActivate
    }
    WinSet, AlwaysOnTop, toggle, ahk_ class EverEdit; 让 EverEdit 窗口始终置前
    return
```

(2)通过“AutoHotKey”脚本命令把“EverEdit”的白色背景透明化处理(快捷键：Ctrl + Alt + T)，这样既可以直接在“EverEdit”窗口内正常输入文字，又可以直接显示下面的 PPT 课件内容。由于透明区域毫无遮挡，鼠标可以直接渗透进去，于是在透明区域的操作直接作用于下面的 PPT 课件，从而实现了在输入文字的同时很方便地操控 PPT 课件播放，其整体效果相当于给放映中的 PPT 课件蒙了一层透明的电子纸张(附图 3-3)。

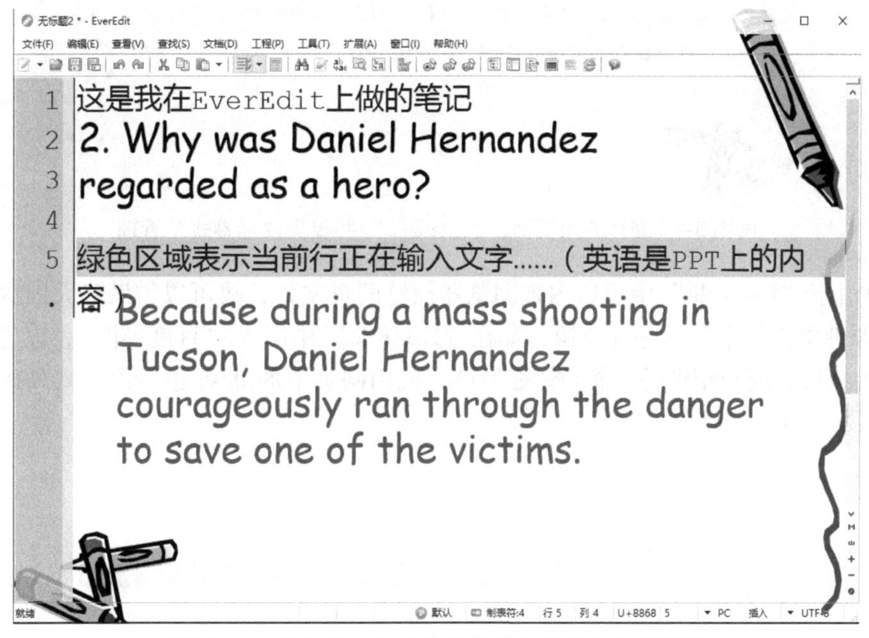

附图 3-3　给放映中的 PPT 课件蒙上透明的电子纸张

实现这一功能的相应的 AHK 脚本如下。

```
^! t: :   ; 同时按 Ctrl + Alt + T 让处于鼠标下的颜色透明化.
    MouseGetPos, MouseX, MouseY, MouseWin
    PixelGetColor, MouseRGB, % MouseX% , % MouseY% , RGB
    ; 先取消附加在 EverEdit 上面的所有透明效果:
    WinSet, TransColor, Off, ahk_ classEverEdit
    ; 把窗口中和鼠标下颜色相同的部分透明化处理.
    WinSet, TransColor, % MouseRGB% 220, ahk_ classEverEdit
return
```

注意为了让用户在选择透明颜色时更灵活，上面的脚本中没有直接指定要透明的背景颜色，而是使用鼠标下的颜色为指定透明颜色，这样透明颜色的选择范围更大，操作更灵活。

(3)教师可以自由地在这张“电子纸”上输入文字、编辑内容。本来写错或不再需要的内容，可以删除再写。由于“EverEdit”可以同时打开多个文档并以标签形式进行管理，可选择再新建一个空白文档，在上面书写新的内容(附图 3-4)。因为“电子纸”的数量完全不受限制，并且可以像普通文本一样保存，标签式管理让教师在这些板书页面之间便捷跳转。

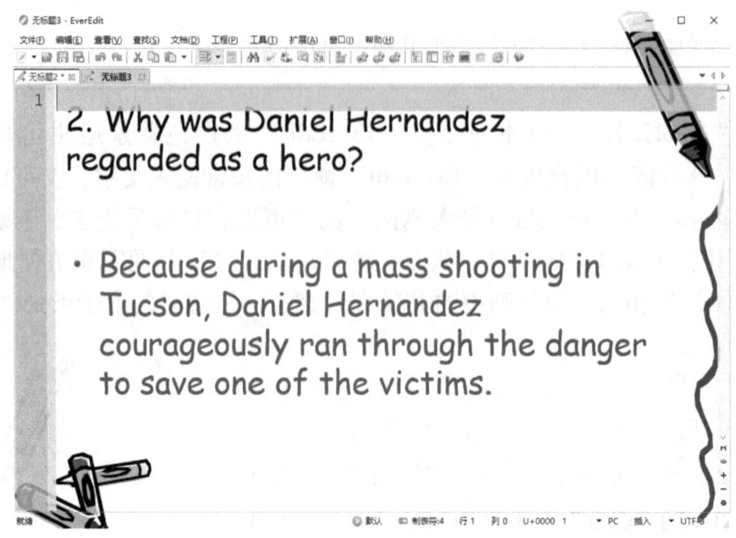

附图 3-4 新建板书页面(“无标题 3”)并提供“标签式”管理

(4)由于“EverEdit”中可以内置浏览器预览网页文件，故可以借助强大的网页技术在 PPT 课件中提供丰富的课件资源，如在“EverEdit”中嵌入“百度导图”，以思维导图的模式讲解思路或介绍课件结构(附图 3-5)，或用网页中的 flash 进行涂鸦式勾画并回放过程(附图 3-6)。

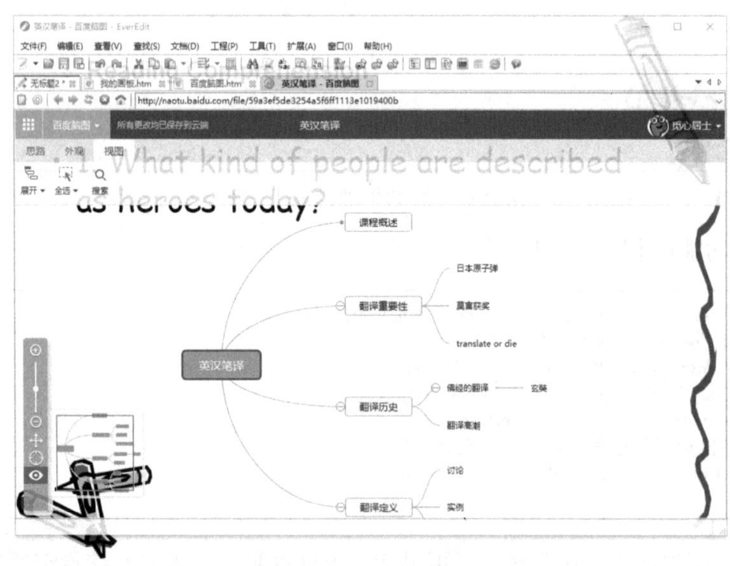

附图 3-5 在 PPT 课件上面嵌入“百度导图”

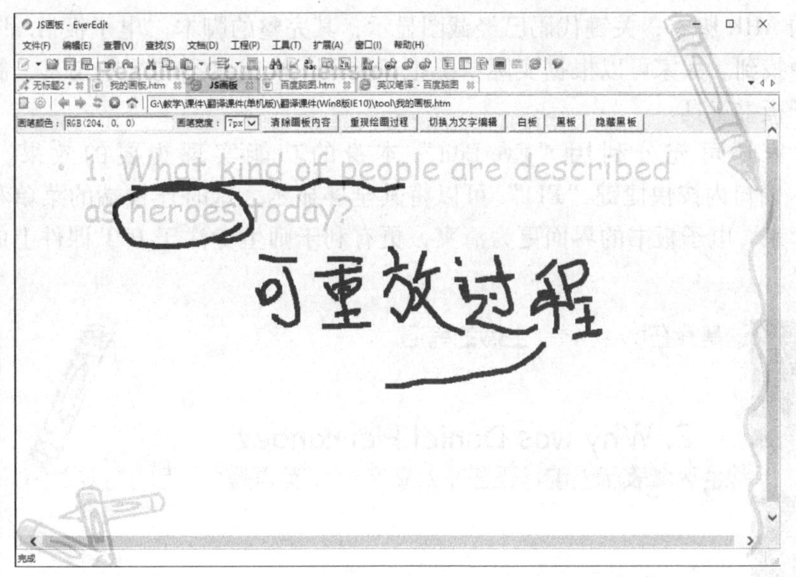

附图 3-6　在 PPT 课件上嵌入 flash 勾画并重放过程

(5) 当然，为了课件演示的方便，还得设计一些必要的辅助功能。例如，有时在教学过程中教师并不希望学生看课件内容，而是集中精力于板书内容，这时就需要取消先前的“透明”效果(快捷键：Ctrl + Alt + O)，恢复“EverEdit”本来的面目(附图 3-7)。

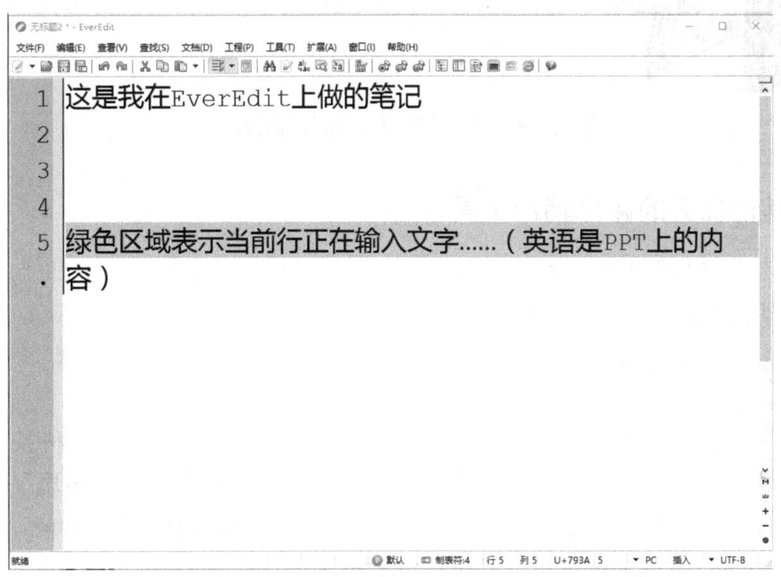

附图 3-7　取消“透明”效果的“EverEdit”界面

恢复 EverEdit 颜色的相应 AHK 脚本如下。

```
^! o: :    ; 同时按下 Ctrl + Alt + O 恢复 EverEdit 的背景颜色.
    WinSet, TransColor, Off, ahk_ classEverEdit
return
```

上面的 AHK 脚本，关键代码已经截图显示，其完整的脚本“电子板书. ahk”可以在随书光盘中找到。大家可以根据实际情况把 EverEdit 换成熟悉的文本工具，制作出属于自己的电子板书工具。

(6) 大家还可充分利用“EverEdit”本身的功能实现想要的效果。例如，在“EverEdit”窗口内按快捷键“F11”可以将其全屏显示，这时连顶端的菜单和工具栏都可以隐藏起来，电子板书的界面更为清爽，更有利于师生专注于 PPT 课件上的显示内容(附图 3-8)。

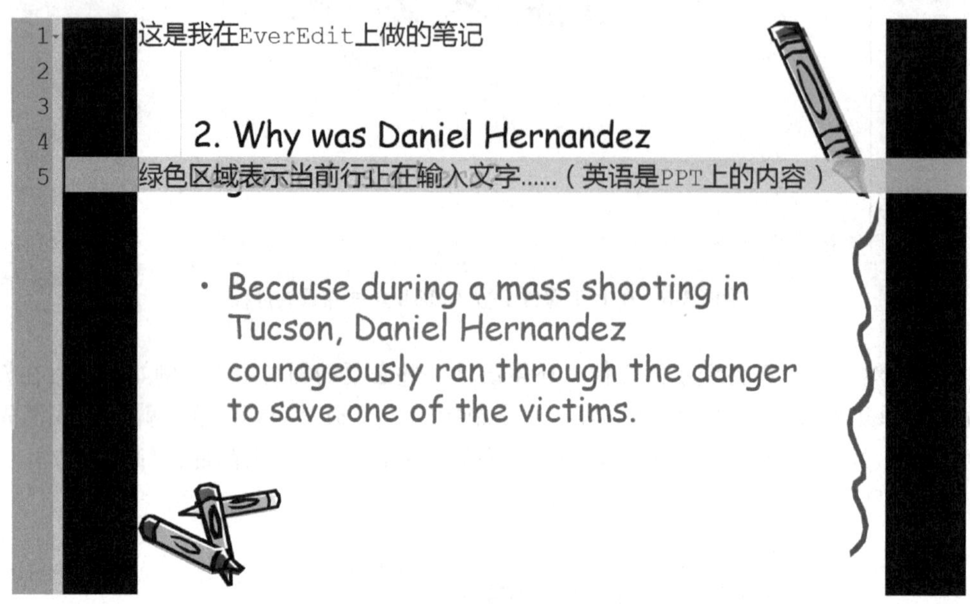

附图 3-8　“全屏”电子版书的清爽界面

三、其他优秀的课件辅助工具

除了上面介绍的通用性“AutoHotKey”脚本工具和专业文本输入工具“EverEdit”之外，还有其他优秀的课件辅助工具。

1. “雪人”翻译软件

“雪人”翻译软件(Snowman CAT Software)，由广东佛山“雪人”科技有限公司推出，小巧玲珑，但功能突出，操作简便，丝毫不逊于大名鼎鼎的“塔多思”翻译辅助软件。它也具有安装版本和绿色免费版本(附图 3-9)，大家可以在官网(http://www.gcys.cn/fy_ xiazai.html)下载最新版本，其中绿色版本为限制版，只能导入文本文件，但足以满足课堂教学和一般的小型翻译任务。

该软件是专业的翻译辅助软件，在笔译课堂上使用便于学生理解真实的翻译职业特征并掌握必备的基本翻译辅助技术，利于毕业之后尽快适应真实的翻译市场。值得一提的是，“雪人”翻译软件还提供了网络协同翻译平台(附图 3-10)，能够以极低的成本在校园内实现翻译记忆分享，真实模拟翻译职业中的分工协作，极大地提高了翻译的精度和效率，规范了翻译的流程。

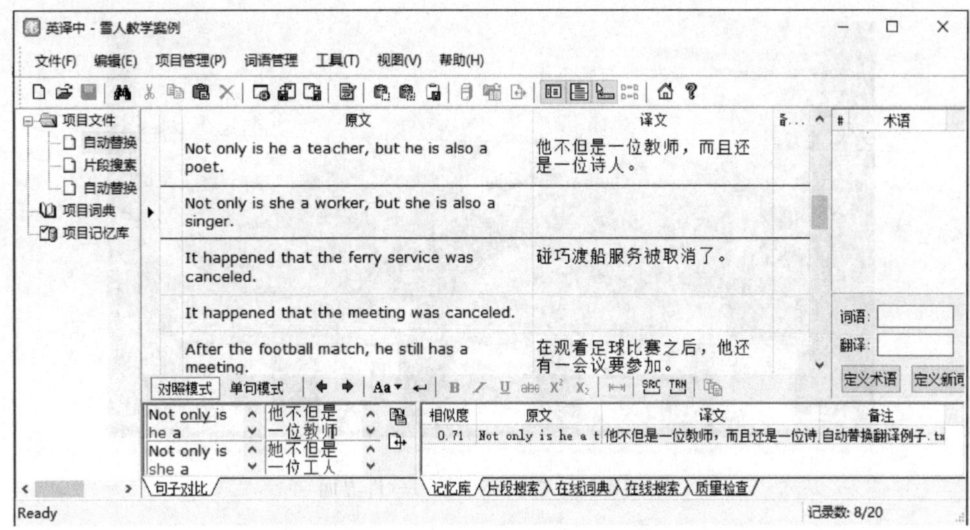

附图 3-9 “雪人”翻译软件绿色版

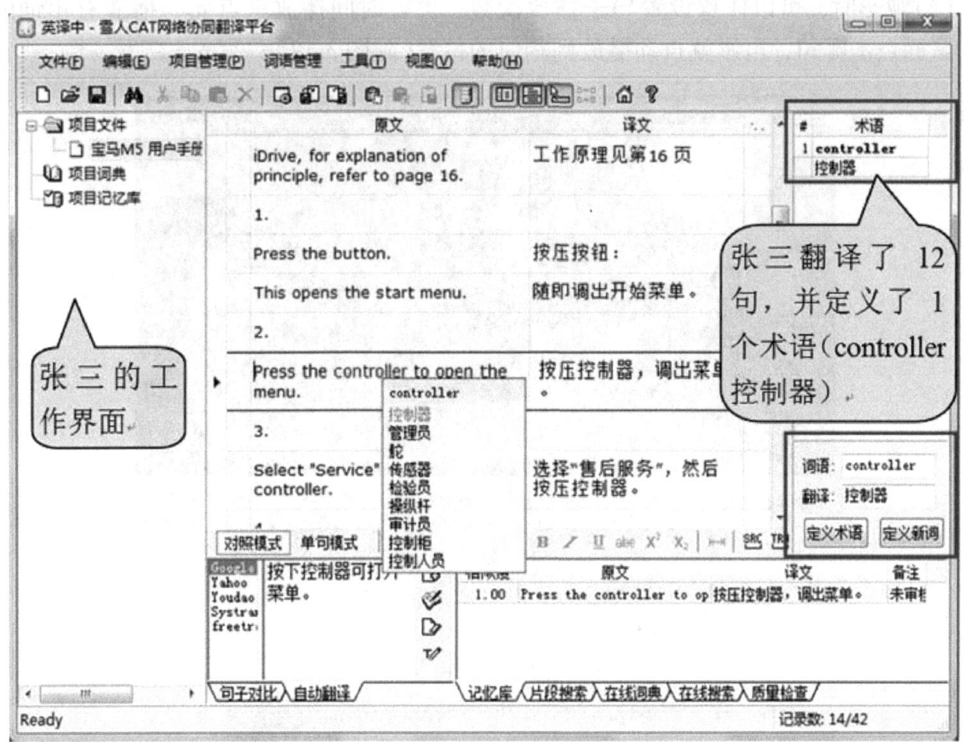

附图 3-10 “雪人”网络协同翻译平台

2. 能飞英语学习软件

能飞英语是视听说课程的优秀辅助软件。官网(http://www.langfly.com/)号称它是“最好的看电影学英语软件”(附图 3-11)，其优势如下。

附图 3-11 能飞英语学习软件界面

(1)看电影学英语时，字幕可以随意控制原文、译文、生词和注释。字幕大小一“滚”就变。可自主选择观影时的字幕模式：中英文、英文和无字幕。

(2)观影时，可以任意设置句子播放次数，停顿时间播放重点句，播放有生词的句子。鼠标点击哪句，电影就自动播放到相应的位置(附图 3-12)。

附图 3-12 字幕操作

(3)字幕学习。标注生词和重点句、自主添加生词、重点句和注解。可帮助师生抓住复习重点，提高学习效率。有生词和重点的句子可以播放多次。生词还可以使用专业的能飞背单词进行重点记忆。

(4)即时出题，听写测试。听一句，写一句，观影时可同时练习听写、拼写，自动评分，自动提示，帮助学生快速记住生词。

(5)配音纠正发音，角色扮演。学生可以看着电影画面配音，与原声对比，自我检查，纠正发音、语速和语调。通过对电影里喜欢的角色进行扮演，使学习更有乐趣(附图3-13)。

附图3-13　角色配音

上面两款专业软件对外语多媒体教学应当具有很强的参考作用，因此我们略为介绍，希望能抛砖引玉。此外，优秀的专业软件总是在不断地推陈出新，所以更需要教师具有一双火眼金睛，平时注意收集和积累，建立起自己多媒体授课“兵器库”，使自己的多媒体课堂变得更加生动，课堂教学更有效率。